MODIFYING YOUR

THINKING CLASSROOM

for DIFFERENT SETTINGS

학습 환경에 따른 생각하는 수학 수업

생각하는 수학 수업을
구현하기 위한 보충 자료

Peter Liljedahl 지음
박성선 옮김

Illustrations by Laura Wheeler

KM 경문사

CORWIN
A SAGE Company

For information:

Corwin
A SAGE Company
2455 Teller Road
Thousand Oaks, California 91320
(800) 233-9936
www.corwin.com

SAGE Publications Ltd.
1 Oliver's Yard
55 City Road
London EC1Y 1SP
United Kingdom

SAGE Publications India Pvt. Ltd.
B1/I 1 Mohan
Cooperative Industrial Area
Mathura Road, New Delhi 110 044
India

SAGE Publications Asia-Pacific Pte.
Ltd. 18 Cross Street #10-10/11/12
China Square Central
Singapore 048423

President: Mike Soules
Associate Vice President and Editorial Director: Monica Eckman
Publisher: Erin Null
Content Development Editor: Jessica Vibal
Senior Editorial Assistant: Caroline Timmings
Production Editor: Melanie Birdsall
Typesetter: Integra
Proofreader: Wendy Jo Dymond
Cover Designer: Candice Harman
Marketing Manager: Margaret O' Connor

Printed in Republic of Korea

This book is printed on acid-free paper.

ISBN 978-1-0718-5784-7

차례

서론

생각하는 수학 수업(Building Thinking Classrooms)은 실제 수학 교실에서 교사들과 15년에 걸쳐 연구한 결과로 탄생한 수업 교수법이다. 이 연구 결과는 2021년에 발간한『*Building Thinking Classrooms in Mathematics, Grades K-12: 14 Teaching Practices for Enhancing Learning, Liljedahl*, 2021; 생각하는 수학 수업: 수학 수업을 위한 14가지 실천 사항, 박성선 역, 2024』에 담겨 있다. 여기서 저자는 생각하는 수학 수업에 대한 기본적인 아이디어가 어떻게 시작되었는지 설명한 다음, 실제 수학 수업에서 학생의 생각하기를 촉진하는 데 고려해야 할 14가지 실천 사항에 대해 다루고 있다.

그 후속으로 집필한 이 책에서는 이전 책에서 설정했던 일반적인 대면 환경이 아닌 여러 가지 다른 학습 환경에서 이러한 실천 사항들을 적용하여 생각하는 수학 수업을 구현하는 방법에 대해서 다루고 있다. 이 책에서 고려하고 있는 학습 환경 중 일부는 오래전부터 존재해 왔으며, 몇몇은 COVID-19 팬데믹에 대처하기 위한 방법으로 새롭게 등장하였다. 이 책에서는 다음과 같이 이러한 학습 환경 12가지를 다섯 가지 범주로 나누어 설명할 것이다.

범주 1 : 대면 학습 환경

1장. 사회적 거리 두기 환경에서의 생각하는 수업

2장. 좌석이 고정된 교실에서의 생각하는 수학 수업

3장. 소규모 학급에서의 생각하는 수학 수업

범주 2 : 가상(온라인) 학습 환경

4장. 동기식 가상 학습(온라인 학습)에서의 생각하는 수학 수업

5장. 비동기식 가상 학습(온라인 학습)에서의 생각하는 수학 수업

범주 3 : 하이브리드 학습 환경

6장. 비동기식 하이브리드 학습에서의 생각하는 수학 수업

7장. 동기식 하이브리드 학습에서의 생각하는 수학 수업

범주 4 : 그 이외의 학습 환경

8장. 독립적 학습에서의 생각하는 수학 수업

9장. 홈스쿨링에서 생각하는 수학 수업

범주 5 : 미완성 학습자 도와주기

10장. 생각하는 수업에서 선수 학습이 부족한 학생 도와주기

11장. 생각하는 수업에서 현행 학습이 부족한 학생 도와주기

12장. 일대일 학습 환경에서 학생 도와주기

각 장은 해당 학습 환경에 대한 자세한 설명으로 시작한다. 여러분이 가르치는 학습 환경이 이러한 설명 중 하나에 해당하기를 바란다. 그러나 교육과 학습이 이루어지는 형태는 매우 다양하기 때문에, 여러분이 교사로서 수행하는 환경이 이 책에서 다루는 환경들과 다를 가능성도 있다. 예를 들어, 학생들의 좌석이 고정된 소규모 학급이 여기에 해당할 수 있다. 상황에 따라 다르겠지만, 이 책의 여러 장에 소개된 아이디어들을 결합하여 여러분이 처한 독특한 학습 환경에서도 생각하는 수업을 구현하기 바란다.

어떤 학습 환경에서는 이전 책에서 소개한 '생각하는 수업을 위한 14가

지 실천 사항' 중 몇 가지만 조정하면 된다. 그러나 어떤 학습 환경에서는 더 많은 것들을 조정해야 할 수도 있다. 그리고 실천 사항들이 구현되는 순서는 거의 모든 학습 환경에서 조정되어야 한다.

학습을 촉진하는 14가지 실천 사항

1. 생각하기를 요구하는 과제를 제공한다.
2. 눈에 보이게 그리고 자주 무작위 모둠을 구성한다.
3. 세로 활동판을 사용한다.
4. 교실을 비정면화 한다.
5. 생각을 유지하는 질문에만 응답한다.
6. 생각하기 과제를 수업 초반, 학생들이 서 있는 상태에서, 그리고 구두로 제시한다.
7. '나의 이해 확인하기' 문제를 제시한다.
8. 지식의 이동을 활성화한다.
9. 몰입 상태를 유지하기 위하여 힌트와 심화 과제를 동시에 활용한다.
10. 낮은 수준에서 종합·정리한다.
11. 학생들이 유의미한 필기를 하도록 한다.
12. 수업에서 가치 있게 여기는 것을 평가한다.
13. 학생들이 현재 위치와 앞으로 나아갈 방향을 이해하도록 평가한다.
14. 점수가 아닌 데이터에 기반하여 평가한다.

이 책을 읽는 방법

이 책을 읽기 위한 전제 중 첫 번째는 이전 책『*Building Thinking Classrooms in Mathematics, Grades K-12: 14 Teaching Practices for Enhancing Learning, Liljedahl*, 2021; 생각하는 수학 수업: 수학 수업을 위한 14가지 실천 사항, 박성선 역, 2024』에 익숙해야 한다는 것이다. 따라서 이 책을 읽기 전에 이전 책을 먼저 읽기를 권장한다. 두 번째는 책을 처음부터 끝까지 읽을 수 없다면, 특정 학습 상황과 가장 관련성이 높은 장을 참고하면 된다.

처음 아홉 개의 장에서는 특정 학습 환경에서 생각하는 수업을 구현하는 데 필요한 실천 사항들을 조정하여 제시할 것이다. 예를 들어, 1장에서는 대면 학습 환경에서 생각하는 수업을 구현하는 방법을 설명하고 있지만, 거기에는 사회적 거리를 유지해야 한다는 제한이 있다. 이러한 사회적 거리 두기 환경에서도, 이전 책에서 제시한 생각하는 수업을 위한 14가지 실천 사항들이 여전히 유효하지만, 효과적으로 적용되기 위해 그중 4가지는 수정 · 보완이 필요하다. 1장에서는 조정이 필요한 4가지 실천 사항들을 다룰 것이다. 논의되지 않은 나머지 10가지 실천 사항들은 이전 책에 제시된 것을 그대로 적용하면 된다.

이어서 10장부터 12장까지는 교사가 특정 학생에게 도움을 주어야 하는 여러 학습 상황에서 생각하는 수업을 위한 실천 사항들에 대해서 다룬다. 이 장들도 관련된 실천 사항들만 논의한다.

주어진 학습 환경과 관련된 특정 상황을 확인 후에는 해당 장만 읽어도 된다. 몇몇 장들이 중복되는 것처럼 보일 수도 있지만, 조정된 실천 사항들은 부분적으로만 유사할 뿐 각각 고유한 측면이 있다. 예를 들어, 6장과 7장에서 종합 · 정리하는 방식 사이에는 유사성이 있지만, 이 두 학습 환경에 적용되는 실천 사항들 사이에는 많은 차이점이 존재한다. 어떤 학습 상황에 특정 실천 사항이 적용된다고 해서 다른 상황에도 그 실천 사항이 그대로 적용되는 것은 아니다.

또한, 12개 학습 환경별로 각 실천 사항들을 구현해야 하는 순서가 다르다. 각 장의 끝에는 실천 사항들을 구현하는 순서가 '사용자 키트'로 제시되어 있다. 어떤 경우에는 사용자 키트가 매우 복잡하지만, 또 다른 경우에는 간단하다.

이 책에서 소개하고 있는 12개의 장에 제시된 아이디어는 다양한 출처에서 나왔다. 일부의 경우는, 이전 책에서 소개했던 대면 연구를 통하여 15년 이상 축적된 연구 결과를 기반으로 추론한 것이다. 또 다른 경우는, 이 책에서 기술하고 있는 학습 환경에서 제시하고 있는 실천 사항들을 현장 테스트한 결과이다. 이와 더불어, 추론과 현장 테스트가 결합한 것도 있다. 하지만, 이 아이디어들은 이전 책에서 했던 것과 같은 장기적이고 탄탄한 실증적 연구에 기반한 것은 아니다. 또한, 이전 책의 대면 환경에서 생각하는 수업 방법을 연구할 때와 마찬가지로 여전히 더 많은 연구가 필요하다. 우리는 몇 가지를 시도했고 몇 가지를 배웠으나, 앞으로도 더 많은 것을 시도해야 한다. 따라서 이 책을 오랜 여정의 결과물로 읽기보다는 여전히 진행 중인 여정으로 읽기를 권한다. 여러분이 이 여정에 함께할 뿐만 아니라 연구에도 동참하기를 바란다. 즉, 연구를 시도하고, 그것을 통해 배우고, 그것을 적용해 보고, 또다시 시도해야 한다. 따라서, 이 책에서 제안하는 아이디어를 활용하여 여러분이 처해 있는 독특한 학습 환경에서 생각하는 수업을 구현하는 방법에 관한 연구를 시작해 보기 바란다.

용어의 정의

이 책 전반에 걸쳐 사용되는 몇 가지 중요한 용어들이 있는데 미리 이해하면 이 책을 읽는 데 유용할 것이다.

이전 책(Anchor book)

생각하는 수학 교실을 구현하는 방법에 대하여 기술한 원래의 책을 의미한다. 즉, Peter Liljedahl 교수가 2021년에 발간한 『*Building Thinking Classrooms in Mathematics, Grades K-12: 14 Teaching Practices for Enhancing Learning, Liljedahl*, 2021; 생각하는 수학 수업: 수학 수업을 위한 14가지 실천 사항, 박성선 역, 2024』로서, 이 책에서 제시하고 있는 전반적인 아이디어의 기반이 된다.

동기식/동시적(Synchronous)

동기식/동시적은 같은 시간에 이루어지는 것을 의미한다. 예를 들어, 동기식 온라인 환경에서는 모든 학생이 같은 시간에 접속하여 학습한다.

비동기식/비동시적(Asynchronous)

비동기식/비동시적은 같은 시간에 이루어지지 않는 것을 의미한다. 예를 들어, 비동기식 온라인 환경에서 학습하는 경우, 학생들은 서로 다른 시간에 교사 및 학습 자료에 접근한다.

하이브리드(Hybrid)

하이브리드 환경에서는 일부 학생이 교실에서 직접 수업을 듣고, 다른 학생들은 가정에서 원격으로 참여한다. 어떤 하이브리드 환경에서는 가정에 있는 학생들이 교실에서 대면을 이루어지는 다른 학생들의 수업에 동기식으로 온라인 접속한다. 이와 달리, 대면으로 진행되는 수업에 전혀 접속하지 않거나 비동기식으로 접속하는 경우도 있다.

잼보드(Jamboard)

잼보드는 구글 기반의 디지털 화이트보드로서 학생들이 스타일러스나 마우스를 이용해 그림을 그리고, 텍스트 상자나 메모를 추가하며, 이미지를 삽입하고 지울 수 있게 하는 도구이다. 또한, 조작 가능한 도구로 사용할 수도 있다. 그동안 무료 이용할 수 있었던 잼보드는 2024년 12월 31일부로 더 이상 제공되지 않는다. 구글에서는 잼보드의 대안으로 새롭게 피그잼(FigJam)을 제공하고 있다. 따라서 이 책에서 제시하고 있는 잼보드는 피그잼으로 대체하여 활용하면 된다(역자 주).

지식피드(knowledgefeed)

지식피드는 기본적으로 채팅 창과 유사한 공간으로, 텍스트, 이미지, 화면 캡처를 선형적이지만 시간 순서가 아닌 방식으로 게시할 수 있는 기능이 있다. 지식피드는 중요한 개념을 공유하는 데 사용되며, 대면 학습 환경의 세로 활동판에서 활동한 내용으로 채워진다.

일반적인(Normal)

엄밀히 말하면 '일반적인 생각하는 교실(normal thinking classroom)'이라는 개념은 존재하지 않는다. 그러나 이 책에서 설명하고 있는 여러 가지 학습 상황과 이전 책에서 설명했던 대면 학습 상황과 구분하기 위하여 '일반적인'이라는 표현을 사용한다.

온라인(Online)

온라인 환경은 학생들이 인터넷을 통해 교사, 수업, 학습 자료에 접속하는 방식을 의미한다.

가상 환경(Virtual)

앞에 제시한 온라인 환경과 같은 개념으로 이해하면 된다.

미완성 학습(Unfinished learning)

미완성 학습은 배웠어야 하는 수학적 개념을 아직 완전히 이해하지 못한 상태를 의미한다. 모든 학생은 어느 정도 미완성 학습 상태이다. 어떤 경우에는 미완성 학습이 최근의 것이고 그리 크지 않을 수 있다. 또 다른 경우에는 그것이 오랫동안 누적되어 아주 크고 견고할 수 있다.

지식피드(KNOWLEDGEFEED)

학생들이 세로 활동판에서 활동하는 큰 장점 중 하나는, 일반적인 또는 전형적인 대면 교실에서 모둠 간 지식의 이동을 원활하게 촉진한다는 것이다. 특정 모둠이 막히면 다른 모둠의 활동을 소극적으로 살펴보며 힌트를 얻을 수 있다. 이 힌트는 표현 방법, 자료를 정리하는 방법, 부분적인 해결책 또는 직접적인 문제해결 전략일 수 있다. 또한, 모둠이 문제나 과제를 완료한 다음에는 교실을 둘러보며 다른 모둠의 활동을 통해 심화 과제를 확보할 수도 있다. 만약 이러한 소극적인 상호작용만으로 충분하지 않다면, 다른 모둠에게 적극적으로 도움을 요청하거나 세로 활동판에서 본 내용 중 완벽하게 이해하지 못한 부분에 대해서 질문할 수도 있다. 소극적이든 적극적이든 이러한 힌트와 심화 과제의 수집 과정을 통하여 지식의 이동이 이루어지며, 이는 각 모둠이 교육과정 과제 또는 비교육과정 과제를 통하여 몰입 상태를 유지하는 데 중요한 역할을 한다.

이 책에서 소개하고 있는 여러 학습 환경에서도 여전히 무작위 모둠을 구성할 수 있으나, 대면 수업처럼 세로 활동판을 사용할 수는 없다. 그래서 세로 활동판 대신 디지털 화이트보드를 사용하기도 한다. 그러나 대면 환경이 아닌 학습 환경에서, 디지털 화이트보드는 대면 교실에서 어깨너머로 힐끗 보는 것이 제공하는 것과 같은 수준의 소극적 상호작용을 허용하지 않는다는 문제가 있다. 이를 보완하기 위해 지식피드를 만들어 사용할 수 있다. 지식피드는 협업이 가능한 Google 문서로, 학생들이 특정 학습 환경에서 학습할 때 데스크톱에 열어두고 사용할 수 있다. 이 지식피드에는 대

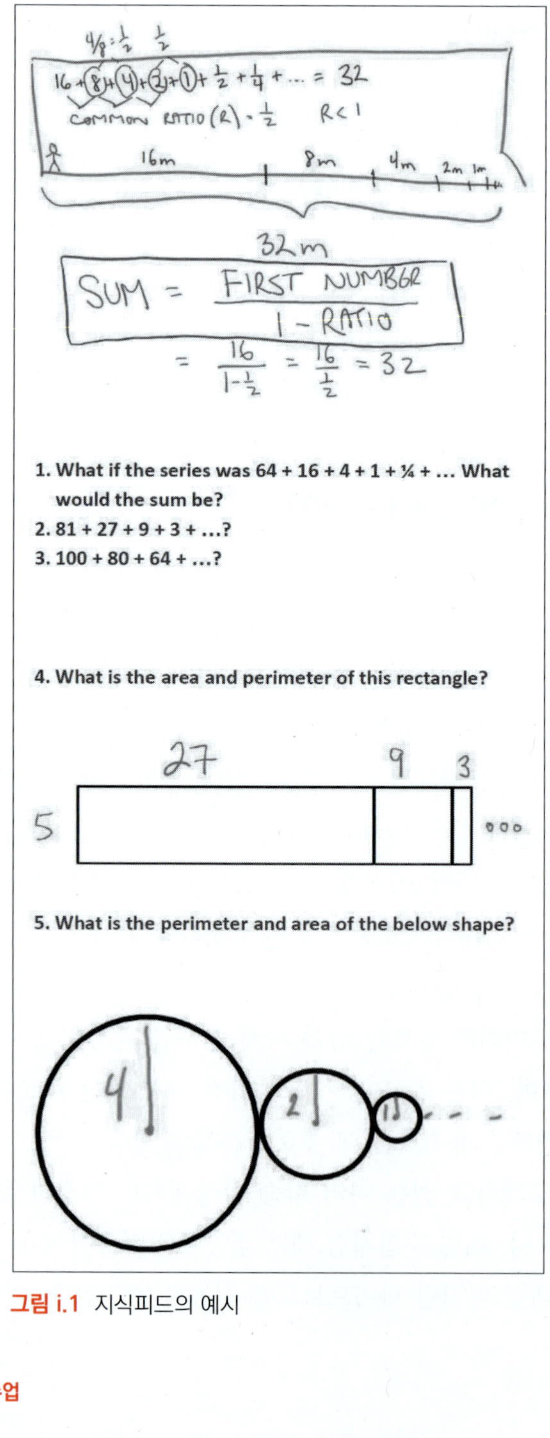

그림 i.1 지식피드의 예시

면 교실의 세로 활동판에서 볼 수 있는 것과 같은 내용이 포함된다. 즉, 과제, 힌트, 심화 과제, 학생들의 결과물(사진 포함) 등이 포함된다. 지식피드를 처음 사용하기 시작할 때는 교사가 주로 게시하는 형태로 운영될 수 있다. 그러나 나중에는 학생들도 게시할 수 있도록 하는 것이 좋다. 학생들은 자신의 결과물 이미지, 힌트, 질문, 그리고 질문에 대한 교사의 응답을 게시할 수 있다.

이 책의 2, 4, 5, 6, 7장에서는 지식피드를 설정하고 조직하는 매우 구체적인 방법뿐만 아니라 학생들이 이를 지식 이동의 원천으로 활용하도록 이끄는 방법에 대해 논의할 것이다.

범주 1

대면 학습 환경

I

사회적 거리 두기 환경에서의 생각하는 수업

COVID-19 팬데믹 이후에도 오랫동안 남아 있는 거리 두기 지침에 따라, 학생들 사이에는 90cm에서 180cm 정도의 거리 두기를 해야 할 필요성이 여전히 지속되고 있다. 그렇다면, 이러한 학습 환경에서 생각하는 수학 수업은 어떤 모습이어야 하는가? 놀랍게도 생각하는 수업에서 요구되었던 모든 실천 사항들은 여전히 중요하고 실현 가능하다. 대부분의 실천 사항이 사회적 거리 두기가 이루어지는 교실에서도 동일하게 유지되려면, 무엇이 변해야 할까? 이를 위하여 여기서는 4가지 실천 사항에 대해서 논의하고자 한다.

생각하는 수업에서 학생이 활동하는 공간은 어디이어야 하는가?

실천 사항 3 사회적 거리 두기의 필요성에도 불구하고 우리는 여전히 학생들이 세로 활동판(VNPS)에서 활동하기를 원한다. 그러나 학생들은 거리를 유지하면서 활동하게 해야 한다. 이를 가장 쉽게 실천하는 방법은 마스킹 테이프를 사용하여 학생별 위치를 정삼각형으로 표시하는 것이다. 이 삼각형의 각 변의 길이는 학생들이 유지해야 할 거리이며, 삼각형의 한 꼭짓점은 세로 활동판의 위치가 되어야 한다. 세로 활동판에 활동하는 동안에 학생들은 테이프로 표시된 위치에 서 있어야 한다(그림 1.1).

그림 1.1 세로 활동판 활동에서 학생들의 삼각형 배치

이 삼각형 배치를 구현하려면 세로 활동판을 교실 전체에 골고루 배치해야 한다. 기존에는 교실의 한쪽 벽에 대여섯 개의 소집단이 모여서 활동했기 때문에 삼각형 배치를 그대로 적용하면, 한쪽 벽에는 세 개만 배치할 수 있을지도 모른다. 다행히도 교실에는 네 개의 벽이 있다. 교실의 네 벽을 따라서 삼각형 배치를 적용하면 된다. 교실의 두 개 또는 세 개의 벽 전체가 화이트보드로 덮인 공간이라 하더라도, 사용하지 않았던 벽에 또 다른 세로 활동판을 설치하여 방 전체에 골고루 배치해야 한다. 세로 활동판 대신 임시방편으로 사용할 수 있는 다양한 제품들이 있다. 칠판, 창문, 비닐 식탁보, 셀로판, Wipebooks의 Wipeboards, Teacher Created Resources의 Better than Paper, 그리고 Post-It의 Dry Erase Surface 등이 이에 해당한다.

삼각형 배치는 학생들 간의 거리를 유지할 뿐만 아니라 한 명의 학생만 세로 활동판에서 필기를 하게 만든다. 각 학생이 자신의 마커를 가지고 있든지 또는 한 개를 공유하든지에 상관없이 한 학생만이 필기하게 하는 것은 소집단 내에서 이루어지는 협력을 확실하게 증진시키는 것으로 나타났다. 그렇지만, 한 학생만 필기하기보다는 여러 학생이 번갈아 가면서 필기하게 할 필요가 있다. 일반적인 생각하는 수업과 마찬가지로 이는 다음 두 가지 방식 중 하나로 진행될 수 있다.

1. 가끔씩 학생들에게 필기하는 사람을 바꾸게 한다. 이는 동기식으로(모든 모둠에게 동시에 바꾸라고 요청하는 방식) 또는 비동기식으로(각 모둠의 진행 상황을 보고 특정 모둠에게만 바꾸라고 요청하는 방식) 진행할 수 있다.
2. 사회적 거리 두기를 적용하지 않았던 교실에서 이루어졌던 세로 활동판 활동과 마찬가지로, 필기하는 사람을 각 모둠이 스스로 결정하게 한다.

그러나 이 두 가지 방식 중 어떤 방식으로 진행되든 간에, 시계 방향 또는 반시계 방향으로 회전하여 새로운 학생이 세로 활동판에서 필기하도록 할 수 있다. 만약 이 회전을 동기식으로 운영한다면, 모든 학생이 필기할 기회를 가질 수 있도록 회전 방향을 지정해야 한다. 비동기식인 경우에는 어떤 학생 또는 어떤 모둠이 세로 활동판에서 필기하고 싶어 하는지에 따라 회전 방향이 달라진다. 이 두 가지 방식 모두에서 중요한 것은, 필기하는 학생은 자신의 아이디어를 쓰는 것이 아니라 오직 모둠원의 아이디어를 받아 적는 서기 역할만 해야 한다는 것이다.

생각하는 수업에서 가구는 어떻게 배치해야 하는가?

실천 사항 4

학생들이 세로 활동판에서 활동할 때 거리 두기를 유지하는 것이 중요하다. 또한, 학생들이 자신의 책상에 앉아 있을 때도 서로 떨어져 있어야 한다. 책상을 배치할 때 이를 고려하면서 학생들이 다양한 방향을 바라보도록 하여 교실이 정면화되지 않도록 해야 한다. 이렇게 교실을 비정면화하면, 학생들에게 교실이 생각하기에 안전한 공간이라는 메시지를 전달할 수 있다.

책상 간에 거리 두기를 유지하고 교실을 비정면화하는 것과 더불어, 각각의 세로 활동판에서 삼각형 배치를 유지하기 위해서는 현재 교실에서 사용할 수 있는 공간보다 더 많은 공간이 필요할 것이다. 이 문제의 간단한 해결책은 학생들이 앉아 있거나 세로 활동판에서 활동하는 것이 동시에 일어나지 않게 하면 된다. 학생들이 앉아 있을 때, 책상이 세로 활동판 삼각형 배치와 겹치는 것은 괜찮다. 세로 활동판에서 활동할 때는 책상을 벽에서 떨어뜨리기만 하면 된다. 반대로 다시 책상에 앉아 있을 때는 책상을 원래 자리로 돌려놓으면 된다. 일부 교사들은 이처럼 공간을 유동적으로 사용하기 위해, 바닥에 다양한 색상의 마스킹 테이프를 사용하여 이동식 책상의 위치를 표시하였다. 이제 교실 바닥은 배구 코트를 나타내는 선과 농구 코트를 나타내는 선이 그려진 체육관 바닥처럼 보이기 시작할 것이다. 학생들은 어떤 선이 서 있는 것과 관련이 있고, 어떤 선이 책상에 앉아 있는 것과 관련이 있는지를 금방 배우게 된다.

생각하는 수업에서 과제는 언제, 어디서, 어떻게 제시해야 하는가?

실천 사항 6

일반적인 생각하는 수업에서는 과제를 학생들이 서 있는 상태에서 구두로 그리고 수업 초반에 일찍 제시해야 한다. 그러나 사회적 거리 두기가 적용되는 교실에서는 학생들이 더 이상 교사 주위에 모여 있을 수 없다. 이상적이지는 않지만 삼각형 배치를 유지한 상태에서 세로 활동판으로 과제를 제시하는 것이 가장 좋다. 학생들이 교실 가장자리로 퍼져 있는 상황에서 가능한 한 가까이 접근하려면, 교사는 교실 중앙에서 과제를 설명하고 시범을 보여야 한다. 이는 일반적인 수업 교실 환경과 달리 교사는 과제를 제시하기 전에 무작위로 모둠을 구성해야 함을 의미한다. 또한, 과제를 설명하는 과정에서 과제의 일부분을 적어야 할 경우, 교실 중앙에 화이트보드를 두거나 주변에 사용할 수 있는 화이트보드가 있어야 한다. 또 다른 방법으로는 태블릿으로 글을 작성하여 빔 프로젝터로 화면에 띄울 수도 있다. 그러나 가능한 한 교실 중앙에서 서서 주변의 학생들과 구두로 이야기하는 것이 필요하다. 사회적 거리 두기의 필요성에도 불구하고, 과제를 제시할 때 학생들과의 근접성은 여전히 중요하다. 교사가 학생들과 멀어질수록, 학생들이 익명성을 느끼고 참여하지 않을 수 있다.

생각하는 수업에서 수업을 어떻게 종합 · 정리할 것인가?

실천 사항 10 학생들을 서 있게 하고 교사와 가까운 거리에 두는 것은 수업을 종합 · 정리하는 데 있어 중요한 부분이다. 수업을 종합 · 정리하는 방식은 세 가지로 구분해 볼 수 있다: (1) 아무것도 적지 않고 논의하기, (2) 논의된 내용을 기록하며 논의하기, (3) 학생들의 결과물에 대해 논의하기. 이 세 가지 통합 방식 중 어떤 것을 사용하든 사회적 거리 두기로 인하여 실행하는 데 어려움이 따른다. 첫 번째 방식은 학생들이 세로 활동판에서 삼각형 배치를 유지한 상태에서, 교사가 교실 중앙에서 움직이면서 쉽게 구현할 수 있다. 두 번째 방식은 과제를 제시했던 방식과 동일하게 학생들이 세로 활동판에 있는 동안 교사는 교실 중앙에서 이젤이나 태블릿에 글을 쓰며 수행할 수 있다.

세 번째이자 가장 중요한 종합 · 정리 방식은 학생들의 활동 결과물을 사용하는 것인데 이것은 좀 까다롭다. 간단하고 매력적인 해결책은 학생들이 활동 중인 세로 활동판의 사진을 찍은 다음, 그들이 앉아 있는 상태에서 이를 사용해 종합 · 정리 진행하는 것이다. 문제는 학생들이 앉아 있는 동안 참여도가 떨어진다는 점이다. 생각하는 수학 수업에 관한 초기 연구에서도 이러한 현상이 분명하게 나타났다. 그 대안으로 학생들을 세로 활동판에 세워 두고, 교사가 세로 활동판 사이를 이동하면서 여러 학생의 결과물 중 중요한 부분을 설명하여 학생들의 관심을 유도할 수 있다. 그러나 여기서 문제는 결과물과 그 결과물을 만든 학생들 사이의 연결이 계속 유지되어서 자신의 결과물만을 고려한다는 점이며, 이는 우리의 앞선 연구에서도 문제가 되었다.

해결책은 모든 소집단이 시계 방향(또는 반시계 방향)으로 두세 개의 세로 활동판을 둘러보게 하여 다른 소집단이 무엇을 생각했는지를 해석하도록 하는 것이다. 학생들에게 몇 분간 이렇게 하도록 한 다음, 종합 · 정리를 시작하면 된다. 이렇게 다른 집단의 세로 활동판을 둘러보게 하면 자신의 결과물과의 연결 및 소유권을 효과적으로 끊을 수 있다. 또한, 결과물의 익명성을 높일 뿐만 아니라 교사가 추구하는 목적에 맞게 갤러리를 활용할 수 있다. 여기서 교사의 목적은 학생들의 결과물을 사용하여 아래에서부터 종합 · 정리를 시작하는 것이다. 둘러보기를 통해 연결을 끊는 이 방법은 학생들에게는 거리 두기를 유지하게 하고, 교사에게는 세 가지 종류의 종합 · 정리 방식을 효과적으로 통합하게 한다.

사용자 키트

사회적 거리 두기가 적용된 교실의 사용자 키트는 일반적인 생각하는 수업을 위한 사용자 키트와 같다(그림 1.2).

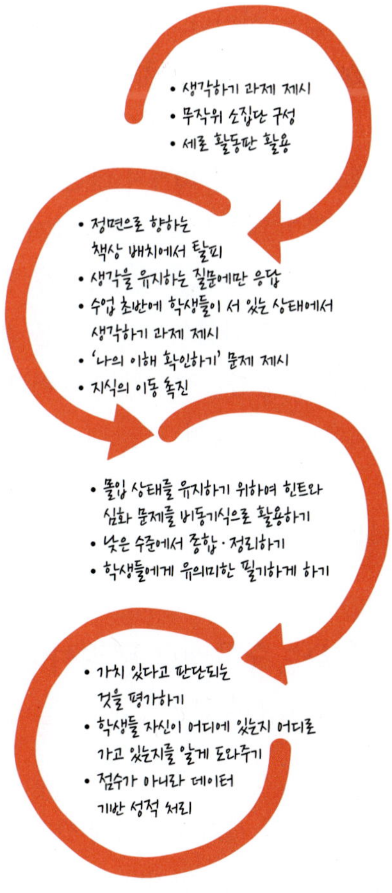

그림 1.2 사회적 거리 두기를 적용된 교실에서 생각하는 수업을 구현하기 위한 사용자 키트

2

좌석이 고정된 교실에서의 생각하는 수학 수업

사회적 거리 두기를 시행하는 방법 중 하나는 학생들이 자신의 자리에만 머물러 있게 하는 것이다. 이는 학생들이 오랜 시간 동안 같은 자리에 있어야 하거나 항상 교실 정면을 바라보아야 한다는 것을 의미한다. 물론 학생들이 매일 자리를 바꾸어 앉게 하거나, 책상들을 연결하여 서로 다른 방향을 바라보게 할 수도 있다. 얼마나 자주 자리를 변경하는지 그리고 어떻게 연결하는지에 상관없이 좌석 변경이나 책상 배치에 대한 제약으로 인하여 기존에 생각하는 수업에서 구현했던 10가지 실천 사항에 수정이 필요하다.

서론에서 설명한 바와 같이, 이와 같은 상황에서는 지식피드를 사용할 필요가 있다. 수업마다 하나의 고유한 지식피드가 있어야 하며, 이는 주로 과제, 심화 과제, 흥미로운 결과물의 스크린샷을 게시하는 장소로 사용될 것이다. 또한, 이를 통해 종합 · 정리를 이끌어나가는 공간으로 활용될 것이다. 따라서 지식피드의 내용이 교실 내 프로젝트 화면에 투사되어야 한다.

생각하는 수업에서 협력적 소집단은 어떻게 구성해야 하는가?

실천 사항 2

좌석 배치의 시기와 방법에 상관없이, 학생들이 자리에 머물러야만 하는 환경에서는 가까운 거리에 있는 학생끼리 소집단을 구성할 것이다. 예를 들어, 교실 앞쪽 구석에 있는 세 개의 책상이 하나의 소집단이 될 수 있다(그림 2.1 참조).

그림 2.1 가까이 있는 학생들끼리 모둠을 구성하는 방법

학생들이 매일 좌석을 바꿀 수 있다면, 어떤 모둠과 활동할지는 학생들이 어디에 앉느냐에 따라 결정된다. 학생들의 좌석은 학생들이 교실에 들어올 때 포커 카드를 사용하거나 디지털 무작위 모둠 생성기를 사용하여 무작위로 배치할 수 있다. 만약, 학생들이 오랜 기간 또는 무기한(즉, 한 수업 시간 이상) 한 자리에 머물러야 한다면, 모둠의 구성원은 어떤 책상들이 한 모둠으로 구성될 것인지에 따라 결정된다. 그리고 이는 매일 달라질 수 있다. 이를 가장 쉽게 구현하는 방법은 책상들의 묶음을 여러 개 만들어 하루씩 번갈아 가면서 순환하는 것이다(그림 2.2 참조).

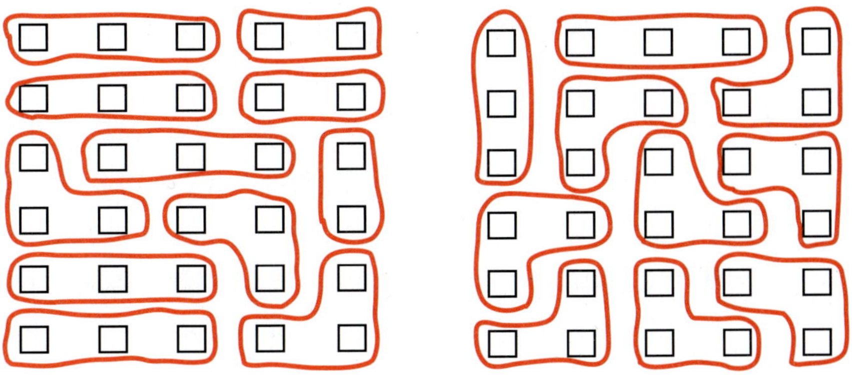

그림 2.2 다양한 모둠 구성 방법

세 명으로 구성되는 모둠이 여전히 이상적인 방법이다(그림 2.1, 그림 2.2와 같이). 그러나, 모둠의 인원은 책상 사이의 간격에 따라 달라진다.

책상이 필요에 의해 멀리 떨어져 있다면, 학생들 간의 적절한 근접성을 유지하기 위해 2인으로 소집단을 구성할 수도 있다. 또는 2인 소집단과 3인 소집단을 혼합하여 사용할 수도 있다. 물론, 결석생이 발생하면 모둠 구성 계획을 조정할 필요가 있으며, 학생들 간의 적절한 근접성을 유지할 수 있도록 유연하게 대처해야 한다.

생각하는 수업에서 학생이 활동하는 공간은 어디이어야 하는가?

실천 사항 3

학생들이 자리에 앉아 모둠 활동을 할 때, 그들의 공유된 생각을 표현할 활동 공간이 필요하다. 활동 공간은 다음과 같은 세 가지 방법 중 하나로 구현될 수 있다.

1. 공유 화이트보드: 모둠원 중 한 명이 모둠에서 논의한 내용을 기록하기 위해 화이트보드를 사용할 수 있다. 이상적으로는 학생이 자신의 책상 위에 화이트보드를 수직으로 세워 모둠원이 볼 수 있게 필기를 하는 것이 좋다. 현실적으로는 필기할 때는 화이트보드를 책상 위에 평평하게 놓고, 작성된 내용을 다른 모둠원이 볼 수 있도록 화이트보드를 세우는 동작을 반복하는 것이다. 때로는 모둠의 재량이나 교사의 요청에 따라 화이트보드를 서로 돌려가면서 사용하게 할 수 있다.
2. 개인 화이트보드: 이는 학생들이 각자 자신의 화이트보드를 가지고 그 위에 자신의 아이디어를 작성하여 모둠원과 공유하는 경우이다. 흥미롭게도, 이 개인 화이트보드는 이후에 자연스럽게 첫 번째 공유 화이트보드로 전환되는 경우가 많다. 즉, 한 학생의 화이트보드가 모둠의 모든 모둠원의 주의가 집중되는 공유된 표현 공간으로 바뀌게 된다.
3. 디지털 화이트보드: 또 다른 방법은 클라우드 기반 디지털 화이트보드를 사용하는 것이다. 무료로 이용할 수 있는 여러 가지 제품이 있으며 찾기 어렵지 않다. 내가 가장 효과적이라고 생각하

는 것은 잼보드이다. 다른 제품들과 달리 잼보드는 항상 무료이며 사용하기 쉽다. 학생들은 잼보드를 이용하여 스타일러스(컴퓨터 화면에 글을 쓰거나 그림을 그리는 데 쓰는 펜)나 마우스로 그림을 그리거나, 텍스트 상자나 메모를 추가하고, 이미지를 삽입하거나 지울 수 있다. 또한, 조작 도구로 텍스트 상자, 메모, 이미지를 변형할 수 있다. 끝으로, 모둠의 모든 모둠원이 동시에 동일한 표현 공간에서 작업할 수 있기 때문에, 기존의 세로 활동판에서 했던 활동을 잘 추구하고 있다. 또 다른 장점은 모둠의 활동 공간이 부족하면 다른 프레임을 추가하거나 이동할 수 있다는 것이다. 각 잼보드 링크에는 최대 20개의 프레임이 포함될 수 있다(그림 2.3 참조).

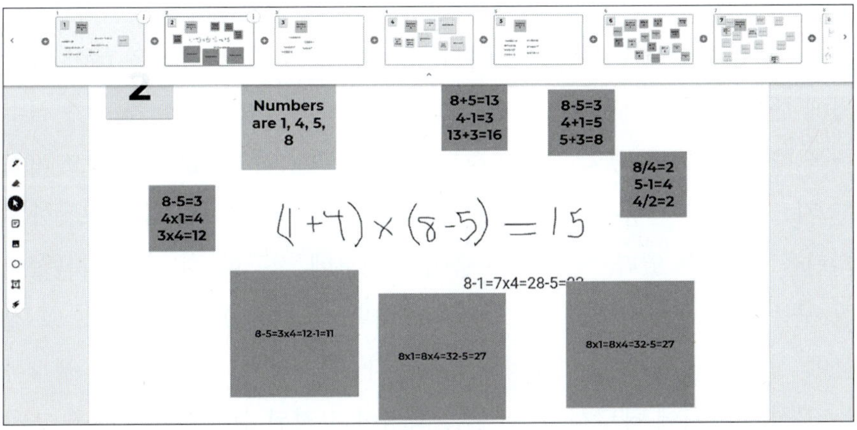

그림 2.3 여러 개의 프레임으로 구성된 잼보드

잼보드는 구글 제품으로, 다른 구글 제품들처럼 한 번에 100명의 사용자를 처리할 수 있다고 알려져 있다. 그러나, 만약 모든 사용자가 편집 권한을 가지고 있다면 잼보드가 불안정해질 수 있다. 우리는 편집자의 수를 15명 이하로 유지하면 플랫폼이 매우 안정적이라는 것을 발견했다. 따라서 여러 개의 잼보드 링크를 만들고 각 링크에는 최대 5모둠으로 한정하는 것이 좋다.

일반 교실에서 세로 활동판 활동을 할 때는 모둠별로 화이트보드 마커를 한 개로 제한을 하였다. 심지어 모든 학생이 각자의 마커를 가지고 있는 사회적 거리 두기 교실에서도 한 번에 한 명만 화이트보드에서 작업할 수 있었다. 이러한 제한은 협업을 강화하는 데 효과적인 것으로 나타났다. 잼보드는 모든 학생이 동시에 글을 쓸 수 있는 기능을 갖고 있다. 이는 학생들이 개인별 화이트보드에서 작업할 때도 마찬가지다. 따라서 이러한 환경에서는 적절한 협업이 이루어지도록 유의해야 한다(실천 사항 12 참조).

? 생각하는 수업에서 학생들의 질문에 어떻게 대답해야 하는가?

실천 사항 5

일반적인 생각하는 수업과 마찬가지로 '좌석이 고정된 생각하는 교실'에서도 근접 질문과 생각을 중단하는 질문에는 교사가 응답하지 않아야 한다. 하지만 학생들이 무엇을 묻고 있는지, 질문에 어떻게 응답해야 하는지, 그리고 그 후에 무엇을 해야 하는지에 대해 더 신중해야 한다. 일반적인 생각하는 수업에서는 교사가 실수했을 때(예를 들어, 생각을 유지하는 질문을 근접 질문으로 착각하고 미소를 지으며 떠나는 경우) 질문을 한 학생이나 모둠은 주변의 다른 모둠에게 의견을 구할 수 있다. 이처럼 도움이나 정보에 접근할 수 있는 자율성이 잘 구축되면, 교사에게 오는 질문의 수(어떤 유형이든)가 줄어들고, 그 질문에 정확히 답해야 할 필요성도 줄어든다. 하지만 좌석이 고정된 생각하는 교실은 여기에 해당하지 않는다. 좌석이 고정된 교실에서는 다른 모둠의 활동에 대한 접근성이 제한되거나 적극적으로 소통할 가능성이 줄어든다. 결국, 이러한 환경에서는 학생들이 사용할 수 있는 도움이나 정보도 줄어든다.

그래서 좀 더 명료하게 할 필요가 있다. 질문이 근접 질문인지 생각을 유지하는 질문인지 판단할 수 없을 때는 생각을 유지하는 질문 쪽으로 판단하고 응답하는 것이 좋다. 만약 질문에 응답하지 않기로 결정했다면, 다시 돌아와 그 모둠이 질문에 대한 응답 없이도 잘 진행되고 있는지 확인해야 한다. 이는 말처럼 쉽지 않다. 하지만, 이러한 제약과 어려움 속에서도 한 줄기 희망이 있다. 그것은 바로 지식피드를 활용하면 지식의 이동이 가능하다는 것이다(실천 사항 8 참조). 학생들에게 지식피드를 살펴보게 하여 자신의 질문에 대한 답을 찾게 할 수 있다. 또한, 학생들이 질문에 대한 답을 찾을 수 있도록 지식피드에 무언가를 추가할 수도 있다. 만약 동일한 질문을 여러 번 받거나 같은 질문에 여러 번 답해야 할 필요가 있다고 예상된다면, 지식피드에 힌트의 형태로 올려놓으면 된다.

생각하는 수업에서 학생의 자율성은 어떻게 촉진해야 하는가?

실천 사항 8

생각하는 수업에서는 지식의 이동, 즉 학생들이 다른 모둠으로부터 지식을 얻을 수 있는 자율성을 키우는 것이 중요하다. 일반적인 생각하는 수업에서는, 학생들이 다른 모둠의 세로 활동판을 소극적으로 흘끗 보거나 다른 모둠의 결과물에 대해 적극적으로 토론하면서 지식의 이동이 이루어진다. 하지만 좌석이 고정된 교실에서도 지식피드를 활용하면 이러한 소극적인 참여가 가능하다. 모둠이 활동하고 있는 협업 공간의 종류(공유 화이트보드, 개인 화이트보드, 디지털 화이트보드)에 상관없이, 지식피드는 학생들이 막혔을 때 힌트를 얻을 수 있거나, 진도를 더 나가야 할 때 심화 과제를 구할 수 있는 공간을 제공한다. 하나의 잼보드에 5개 모둠이 활동하는 경우, 각 모둠은 서로의 결과물을 소극적으로 살펴볼 수 있다. 특정 잼보드 이외의 다른 모둠의 잼보드를 공유하려면, 사용 중인 모든 잼보드 링크를 지식피드에 게시해야 한다.

그러나 생각하는 수학 수업에 관한 연구에서 살펴보았듯이, 단순히 지식을 제공하는 것만으로는 충분하지 않다. 학생들이 그 지식에 접근할 수 있도록 도와야 한다. 즉, 이전 책에서 논의된 바와 같이, 학생들에게 이것에 관해 이야기하는 것만으로는 충분하지 않다. 교사가 의도적으로 덜 도와줌으로써 학생들이 이를 활용하도록 해야 한다. 따라서 학생들의 질문에 응답하는 대신, 그들이 찾고 있는 것을 지식피드나 잼보드에서 찾게 할 필요가 있다. 이렇게 하면, 학생의 행동에 대한 교사의 세심한 주의(실천 사항 12 참조)와 결합하여, 좌석이 고정된 교실 환경에서도 지식 이동이 향상될 수 있을 것이다.

생각하는 수업에서 평가를 어떻게 할 것인가?

실천 사항 12 좌석이 고정된 교실에서도 생각하는 수학 수업이 이루어지기 위해서는, 학생들이 특별한 방식으로 행동해야 한다. 이러한 행동을 형성하는 가장 좋은 방법 중 하나는 생각하는 수학 수업에서 가치 있게 여기는 것을 평가하는 것이다. 좌석이 고정된 교실에서 이루어지는 생각하는 수학 수업에서 우리가 중요하게 여기는 것은, 과제가 제시되거나 종합 · 정리할 때 학생들이 서 있을 때만큼 집중하게 하는 것이다. 이는 학생들이 자신의 행동에 대해 더 많은 책임을 져야 한다는 것을 의미한다. 이를 위하여, 참여하는 학습자, 주의 깊은 청취자, 또는 학습 준비가 된 사람의 의미에 대하여 학생들과 공동으로 평가 기준을 작성한다. 또한, 아이디어를 수집하는 것이 무엇을 의미하는지, 막혔을 때 또는 활동을 마쳤을 때 무엇을 해야 하는지, 모둠이 효과적으로 활동하기 위해서는 무엇이 필요한지에 대한 평가 기준을 작성한다. 이와 더불어 마지막 평가 기준에는 학생들이 어떤 활동 공간(공유 화이트보드, 개인 화이트보드, 디지털 화이트보드)에서 활동하는지에 상관없이 어떻게 번갈아 가면서 필기를 하는지에 대한 것도 포함될 수 있다. 필기하는 학생에 초점을 맞추어 모둠 내의 협업, 화이트보드 예절 등에 대한 평가 기준도 작성할 수 있다. 요컨대, 일반적인 생각하는 수업에서 그랬듯이 변화를 주고 싶은 학생의 행동을 명확히 정의하고 이에 대한 평가 기준을 학생들과 공동으로 작성한다.

생각하는 수업에서 가구는 어떻게 배치해야 하는가?

실천 사항 4 좌석이 고정된 교실이라도 책상을 가로 세로로 줄지어 배치하지 않는다면, 이전 책에서 언급했던 비정면화된 교실을 구축하는 것은 어렵지 않다. 사실, 이는 더 쉽다. 왜냐하면, 세로 활동판에 접근할 수 있도록 교실 가장자리에 충분한 공간을 확보하면, 교실을 비정면화할 필요가 없어지기 때문이다.

책상을 줄지어 배치해야 한다면, 비정면화된 교실을 구축할 수 있는 방법이 별로 없다. 하지만 교실을 비정면화하는 것은 단지 하나의 수단일 뿐이지, 그 목적은 학생들이 교실을 생각하기에 안전한 공간으로 인식하도록 적절한 혼돈을 유지하려는 것이다. 즉, 실수해도 괜찮을 정도로 교실에 무질서를 도입하는 것이다. 교실의 비정면화는 이러한 목적을 달성하기 위한 방법 중 하나일 뿐이다. 교실에 적절한 혼돈을 도입하는 다른 방법들도 있다.

지식피드를 사용하는 교실에서 가장 쉬운 방법은 지식피드를 무질서하게 구성하는 것이다. 지식피드에 게시되는 모든 정보가 주제별 또는 시간 순서대로 조직화될 필요는 없다. 학생들의 결과물처럼 지식피드는 생각의 산물이다. 생각은 무질서하며 허점이 많으므로 지식피드에 이러한 혼돈이 나타나게 할 필요가 있다.

생각하는 수업에서 과제는 언제, 어디서, 어떻게 제시해야 하는가?

실천 사항 6

좌석이 고정된 교실에서 생각하는 수학 수업을 구현하기 위해서는 여전히 수업 시작 첫 5분 동안 과제를 구두로 제시해야 한다. 그러나, 일반 교실과 달리 학생들이 고정된 좌석에 앉아 있어야 하므로, 학생들이 교사 주변에 몰려 있는 상태에서 과제를 제시할 수는 없다. 학생들이 자신의 자리에 머물러야 할 경우, 교사의 설명을 듣는 것과 관련된 규범을 확립하는 데 특히 유의해야 한다(실천 사항 12 참조). 교사가 과제를 제시한 다음, 각 모둠이 활동을 시작한 후에는 그 과제를 간단한 텍스트 형식으로 지식피드에 게시한다. 즉, 구두 설명에는 스토리텔링, 이야기(서사), 또는 모델링과 같은 요소들이 포함될 수 있지만, 텍스트로 게시할 내용은 학생들이 해야 할 일을 간단하게 제시하면 된다. 가령, 이전 책 6장에서 소개했던 '세금 징수원' 과제를 예를 들어보자. 고정된 좌석 환경에서도 이 과제는 학생들에게 구두로 제시한다. 그러나 지식피드에는 다음과 같이 간단하게 게시한다. “12개의 봉투를 사용하여 $22 이상을 징수한다” 지식피드에 과제를 배열하는 방법은 실천 사항 9에서 논의할 것이다.

생각하는 수업에서 힌트와 심화 과제를 어떻게 활용할 것인가?

실천 사항 9

학생들이 고정된 좌석에 앉아서 활동하더라도 몰입 상태를 유지해야 하지만, 무엇보다 적절한 타이밍을 맞추는 것이 어렵다. 일반적인 생각하는 수업에서는 각 모둠이 활동하고 있는 모든 내용이 한눈에 보인다. 이는 교사가 각 모둠의 진행 상황을 모니터링할 뿐만 아니라 필요할 때 힌트나 심화 과제를 제공할 수 있게 한다. 하지만 학생들이 자신의 자리에 머물러 있는 경우에는 각 모둠의 진행 상황을 신속히 파악하는 데 어려움이 있다. 따라서, 각 모둠 스스로 지식을 이동할 수 있어야 하고, 능력과 도전 사이에서 균형을 유지함으로써 몰입 상태를 지속시킬 수 있어야 한다. 모둠이 막혔을 때는 지식피드나 다른 잼보드에서 힌트를 찾아야 하고, 더 나아갈 준비가 되었을 때는 지식피드에서 심화 과제를 찾아야 한다. 교사의 역할은 일련의 과제 배열을 만들어서 가장 빠르게 진행하는 모둠의 속도에 맞추어 이를 하나씩 지식피드에 추가하는 것이다. 하지만, 그렇다고 단순히 과제 배열을 지식피드에 게시하라는 의미는 아니다. 연구 결과에 따르면, 이는 ‘결승선을 향한 질주’ 행동을 유발하여 협업을 깨뜨리는 것으로 나타났다. 각 모둠이 현재 과제에 집중하고 생각하기를 유지하도록 여러 가지 힌트와 각 모둠의 산출물의 이미지 속에 과제를 분산하여 배열해야 한다.

생각하는 수업에서 수업을 어떻게 종합·정리할 것인가?

실천 사항 10 일반적인 생각하는 수업에서는 학생들이 제시된 과제를 하나씩 해결하는 동안 교사는 교실을 돌아다니며 아이디어를 학생들에게 제안하기도 하고, 이후의 종합·정리에 대비하여 학생들의 결과물을 선정하기도 한다. 고정된 좌석 환경에서도 여전히 이러한 작업이 필요하다. 차이점은 고정된 좌석 환경에서는 학생들의 결과물 선정이 이미 사진이나 화면 캡처 형태로 지식피드에 게시되고 있다는 점이다. 선정된 결과물은 교사나 학생 모두 게시할 수 있다. 따라서 갤러리 워크는 지식피드를 통한 가이드 투어 형태로 나타난다. 하지만, 일반적인 교실과 마찬가지로, 모든 결과물을 단순히 보여주는 것은 아니다. 또한, 결과물에 따라서 선형적으로 이동하는 것도 아니다. 즉, 학생들이 수업에서 경험했던 복잡함과 미묘함을 이해할 수 있도록 학생들의 결과물을 신중하게 선택하고 배열해야 한다.

지식피드가 종합·정리의 원천이 될 것이라는 점에서, 교사는 지식피드에 무엇을 게시하고 어떻게 게시할지 선택해야 한다. 이러한 교사의 선택은 학생들이 지식피드에 게시하는 방식에도 영향을 미칠 수 있다. 그러나 현실이 그렇다고 하더라도 지식이 생성되는 방식을 과도하게 통제하지 않도록 주의한다. 여전히 지식피드는 일정 수준의 혼돈을 유지해야 하며, 이를 통해 학생들에게 혼란스러움과 실수가 생각하기의 일부라는 메시지를 전달할 수 있다(실천 사항 4 참조).

생각하는 수업에서 어떻게 학생들이 필기를 하게 할 것인가?

실천 사항 11 종합·정리가 어떻게 진행되든 상관없이, 학생들은 여전히 자기 자신에게 유의미한 필기를 해야 한다. 좌석이 고정된 학습 환경의 경우, 종합·정리 과정에서 지식피드에 보관된 이미지들은 이러한 유의미한 필기를 하는 데 도움을 줄 것이다.

사용자 키트

일반적인 생각하기 교실에서 논의했던 14가지 실천 사항은 좌석이 고정된 생각하기 교실에서도 그대로 구현되어야 한다. 일부는 그대로 실행하면 되지만, 몇몇은 조정이 필요하다. 특히, 이러한 실천 사항들을 구현하는 순서를 조정할 필요가 있으며, 몇 개의 그룹으로 묶어서 사용자 키트로 정리할 필요가 있다(그림 2.4 참조).

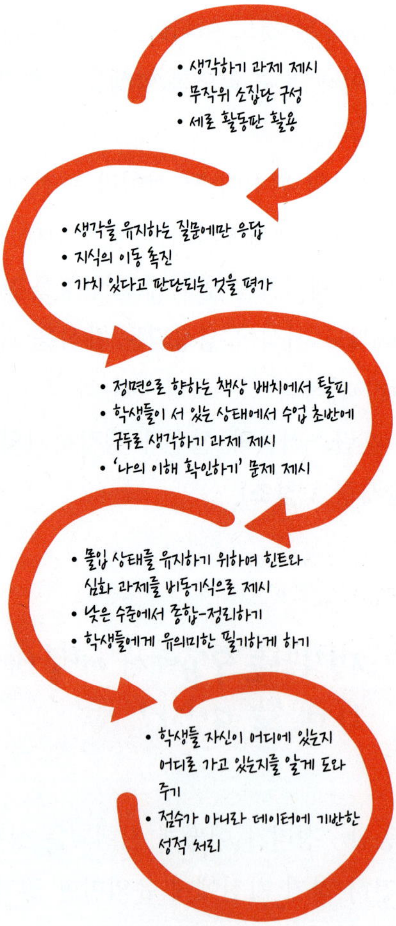

그림 2.4 좌석이 고정된 교실에서 생각하는 수업을 구현하기 위한 사용자 키트

3

소규모 학급에서의 생각하는 수학 수업

소규모 학급은 오랫동안 존재해 왔다. 이러한 소규모 학급은 소수의 학생을 대상으로 하는 특정 선택 과목, 교사 대비 학생의 비율이 낮은 소규모 학교, 또는 전체 학생 수가 적은 농촌 학교에서 주로 볼 수 있다. 또한, COVID-19 팬데믹으로 인하여 교실에서의 사회적 거리 두기를 유지하기 위한 노력으로 소규모 학급이 더 증가할 가능성이 있다.

생각하는 수업에서 고려해야 하는 작은 학급 규모는 어느 정도인가? 우리의 초기 연구에서는 그 기준을 약 12명으로 보았다. 이보다 적은 경우, 무작위 모둠 활동을 자주 사용했음에도 불구하고, 학생들은 반복적으로 같은 친구들과 함께 활동하는 것으로 느꼈다. 또한, 학급의 학생 수가 12명 이하로 줄어들면 교실 전체에서 이용 가능한 다양성의 크기가 눈에 띄게 줄어드는 것으로 나타났다.

학급 규모가 작든 크든, 3명으로 이루어진 모둠의 크기는 모둠 내에 적절한 다양성을 제공한다. 이를 나는 '모둠 내 다양성(intra-group diversity)'이라고 부른다. 하지만 교실에 모둠이 2개에서 4개밖에 없다면 교실의 모둠 간의 아이디어의 다양성, 즉 '모둠 간 다양성(inter-group diversity)'이 충분하지 않게 된다. 이는 동일한 과제에 대해 다양한 접근 방법이 나타나는 큰 규모의 학급에서는 문제가 되지 않지만 소규모 학급에서는 문제가 될 수 있다. 이를 보완하기 위해 생각하는 수업에서 제시했던 실천 사항 중 세 가지를 조정할 필요가 있다.

생각하는 수업에서 소집단은 어떻게 구성해야 하는가?

실천 사항 2 모둠 간 다양성을 증가시키기 위해 모둠의 크기를 두 명으로 줄일 수 있다. 그러나 이는 모둠 내 다양성을 감소시킬 수 있음을 알아야 한다. 두 명으로 구성된 모둠의 문제점을 보완하기 위해 모둠을 다른 모둠과 가까운 거리에서 활동하도록 배치한다(즉, 한 모둠이 다른 모둠 옆에서 활동하도록 배치). 이렇게 하면 아이디어가 한 모둠에서 다른 모둠으로 확산할 가능성이 커진다. 생각하기 수업에 관한 초기 연구에서는 네 명으로 이루어진 그룹이 효과적이지 않은 것으로 나타났다. 그러나, 두 명으로 구성된 두 모둠을 서로 가까이 배치했을 때, 이들은 종종 자발적으로 네 명으로 구성된 모둠으로 결합하였으며, 네 명으로 구성했을 때보다 훨씬 더 잘 작동하는 것을 발견하였다. 이러한 자발적인 결합은 두 모둠이 과제에 대하여 다른 아이디어, 해결 전략이나 해결 방법을 가졌을 때 주로 발생하였다. 생각의 다양성이 모둠의 결합을 이끌었다고 볼 수 있다. 모둠의 결합을 통하여 두 명으로 구성된 모둠은 모둠 간 다양성과 모둠 내 다양성을 모두 유지할 수 있었다. 중요한 점은, 학생들이 자발적으로 네 명으로 구성된 모둠으로 결합하였음에도 불구하고, 이러한 소규모 학급의 학생들은 "항상 같은 사람들과 작업하고 있다"라는 느낌을 받지 않았다는 것이다. 이는 두 명으로 구성된 초기 모둠이 만들어낸 다양성과 관련이 있다고 생각한다.

생각하는 수업에서 학생의 자율성은 어떻게 촉진해야 하는가?

실천 사항 8 이러한 소규모 학급에서 학생들이 2명씩 모둠으로 남아 있던지 4명으로 결합하던지와 상관없이 여전히 큰 규모의 학급에서 볼 수 있는 정도의 모둠 간 다양성은 나타나지 않는다. 이는 학생들이 교실 전체를 돌아다니며 접근할 수 있는 아이디어가 많지 않다는 것을 의미한다. 이를 보완하기 위해, 교사가 직접 세로 활동판을 만들어서 교실에서 나타나지 않은 아이디어를 보여줄 수 있다. 예를 들어, 어떤 모둠도 그래프를 만들지 않았다면 교사가 그래프를 만들고, 어떤 모둠도 과제를 시각적으로 해결하지 않았다면 교사가 이를 시각적으로 나타내고, 어떤 그룹도 거꾸로 풀기를 하지 않았다면 교사가 거꾸로 풀기를 하여 세로 활동판에 올리는 방식이다. 즉, 완벽한 해결 방법을 바로 게시하는 것이 아니라, 큰 규모의 학급에서는 나타났을 법한 사고 과정, 표현 방법, 또는 표기 방식을 소규모 학급에서도 보여주는 것이다.

모든 생각하는 수업과 마찬가지로, 단순히 학생들에게 지식을 제공하는 것이 그 지식이 교실 전체에 퍼진다는 것을 의미하지는 않는다. 따라서 의도적으로 도움을 덜 주어야 하며(이전 책에서 논의된 바와 같이), 지식의 이동에 초점을 맞추어야 한다. 어떤 모둠이 도움을 요청하면, 바로 도움을 주는 대신에 세로 활동판 또는 필요한 지식을 가진 모둠으로 안내한다. 마찬가지로, 심화 과제를 원하는 모둠이 있다면, 다음 과제를 바로 제공하는 대신 다음 과제가 적혀있는 세로 활동판 또는 다음 과제를 갖고 있는 모둠으로 안내한다.

생각하는 수업에서 수업을 어떻게 종합·정리할 것인가?

실천 사항 10

이전 책에서 설명한 대로, 대면 교실에서처럼 소규모 학급에서도 종합 · 정리는 낮은 수준에서 이루어져야 한다. 즉, 해결했던 과제가 점진적으로 복잡해지는 특성이 잘 나타날 수 있도록 학생 결과물의 선택과 배열에 세심한 주의를 기울인다. 소규모 학급에서의 유일한 차이점은 이 선정에 있어서 교사의 게시물(세로 활동판에 게시한)도 포함되어야 한다는 것이다. 만약 모둠별 결과물에 나타나지 않은 것을 종합 · 정리에서 논의하고자 한다면, 두 번째 유형 즉 교사의 게시물을 활용하여 종합 · 정리하면 된다. 이 경우에는 과제에 대하여 학생들과 좀 더 구체적으로 논의하고, 학생들이 말한 내용을 세로 활동판에 기록한다.

사용자 키트

소규모 교실에서도 생각하는 수업을 위한 14가지 실천 사항은 여전히 유효하다. 일부는 그대로 실행하면 되지만, 몇몇은 조정이 필요하다. 또한, 이러한 실천 사항들을 구현하는 순서와 사용자 키트도 조정이 필요하다(그림 3.1 참조).

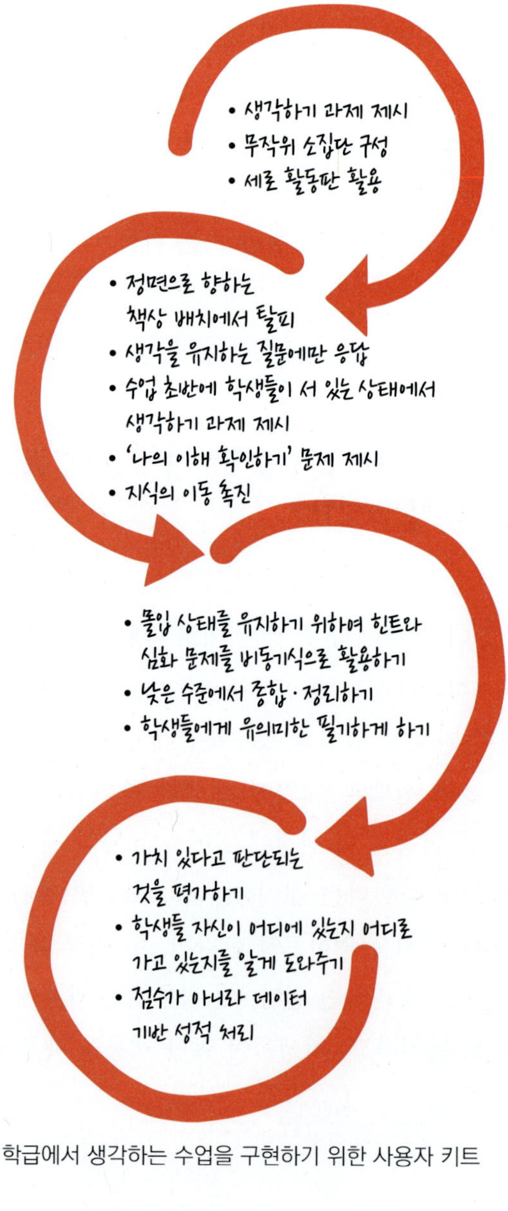

그림 3.1 소규모 학급에서 생각하는 수업을 구현하기 위한 사용자 키트

범주 2

가상(온라인) 학습 환경

4

동기식 가상 학습(온라인 학습)에서의 생각하는 수학 수업

가상 학습(또는 온라인 학습)은 COVID-19 팬데믹 이전부터 존재해 왔으며, 팬데믹 이후에도 계속될 것이다. 가상 학습은 전체 또는 부분적으로 동기식으로 진행된다. 동기식은 학생과 교사가 Zoom, Microsoft Teams, Google Meets 등과 같은 디지털 매체를 통해 정기적으로 만나서 학습하는 것을 의미한다. 이러한 동기식 가상 환경에서도 생각하는 수업을 구현하는 것이 가능하지만, 기존의 14가지 실천 사항 중 9가지 실천 사항에 대한 약간의 조정이 필요하다. 또한, 서론에서 설명한 대로 지식피드를 도입하여 활용할 필요가 있다.

생각하는 수업에서 협력적 소집단은 어떻게 구성해야 하는가?

실천 사항 2

생각하는 수업에서는 학생들에게 함께 사고할 협력자를 제공해야 한다. 이를 가장 효과적으로 수행하는 방법은 자주 그리고 눈에 보이도록 무작위 모둠을 구성하는 것이다. 연구에 따르면, 대면 상황에서 이상적인 모둠의 크기는 3명이다. 3명으로 구성된 모둠은 공통성(모둠원들이 공유하는 요소)과 다양성(모둠원이 모둠에 제공하는 독특한 요소) 사이의 균형을 완벽하게 유지한다.

그러나 가상 학습 환경에서 무작위로 3명씩 모둠을 구성했을 때, 학생들은 카메라나 마이크를 켜지 않을 수도 있으며, 이러한 장치에 기술적 문제가 발생할 수도 있고, 인터넷 연결이 끊기는 때도 있다. 이러한 요인들은 모둠 내의 다양성을 감소시키는 원인이 된다. 대면 학습 환경과 비교해 가상 환경은 모둠 내의 고유성이 감소하는 공간이다. 따라서 우선하여 이를 보완할 필요가 있다. 가상 환경에서 모둠 내의 고유성을 충분히 확보하기 위하여, 각 모둠을 5명으로 구성하여 생각하는 수업을 시작한다. 이후 여러 인터넷 장치를 활용할 수 있는 기술 숙련도가 향상되고 협업 능력이 향상됨에 따라(실천 사항 12 참조), 모둠의 크기를 다시 3명으로 줄일 수 있다.

생각하는 수업에서 학생이 활동하는 공간은 어디이어야 하는가?

실천 사항 3

학생들은 모둠 내에서 공유한 생각을 표현할 수 있는 공간이 필요하다. 동기식 가상 환경에서는 클라우드 기반의 디지털 화이트보드를 사용하여 이를 실현할 수 있다. Zoom, Teams, Meet 등과 같은 협업 소프트웨어에는 일반적으로 디지털 화이트보드 기능이 내장되어 있다. 문제는 교사가 직접 모둠에 참여하지 않으면 이 기능을 볼 수 없다는 것이다. 이렇게 되면 교사는 각 모둠의 진행 상황을 신속하게 모니터링할 수 없다. 따라서, 모둠에서 사용하는 공용 소프트웨어의 외부에서 사용할 수 있는 제3의 디지털 화이트보드를 사용하는 것이 좋다.

무료로 사용할 수 있는 여러 도구가 있으며 쉽게 찾을 수 있다. 그중에서도 가장 효과적인 도구는 잼보드이다. 잼보드를 사용하면 마우스를 이용해 그림을 그리거나, 텍스트 상자와 스티커 메모를 추가하고, 이미지를 삽입하며, 필요할 때 내용을 지울 수도 있다. 또한, 학생들은 텍스트 상자, 스티커 메모, 이미지를 조작 도구로 활용할 수 있다. 무엇보다도, 잼보드는 모둠의 모든 모둠원이 같은 표현 공간에서 동시에 작업할 수 있도록 하여, 세로 활동판 활동과 유사한 환경을 제공한다. 또 다른 장점은 활동 공간이 부족할 경우, 새 프레임을 추가하거나 다른 프레임으로 이동할 수 있다는 것이다. 각 잼보드 링크에는 최대 20개의 프레임을 추가할 수 있다(그림 4.1 참조).

잼보드는 구글 제품으로 한 번에 최대 100명의 뷰어를 수용할 수 있다고 알려져 있다. 이것은 사실이지만, 100명의 편집자를 동시에 처리할 수는 없다. 연구 결과, 편집자의 수를 15명 이하로 유지하면 플랫폼이 매우 안정적으로 작동한다는 것을 발견하였다. 따라서 여러 개의 잼보드 링크를 만들어야 하며, 각 링크에는 최대 15명의 학생이 작업하도록 설정해야 한다. 처음에는 5명씩 모둠을 구성하고, 나중에는 3명씩 모둠을 구성한다.

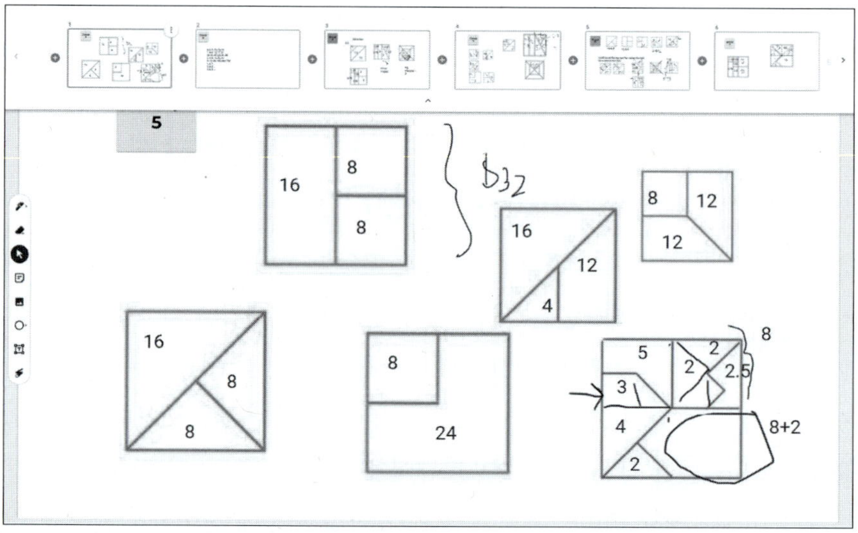

그림 4.1 여러 프레임으로 구성된 잼보드

이전 책에서는 학생들이 세로 활동판에서 작업할 때, 각 모둠당 화이트보드 마커를 한 개만 허용한다는 제한이 있었다. 사회적 거리 두기가 적용된 교실에서는 모든 학생이 자신의 마커를 가지고 있을 수 있지만, 화이트보드에서 동시에 필기할 수 있는 학생은 한 명으로 제한하였다. 이러한 제한으로 협업이 촉진되는 것으로 입증되었다. 연구에 따르면, 세로 활동판에서 모둠의 모든 학생이 자신의 마커를 가지고 있게 하면 모둠이 개별적으로 작업하는 3명의 개인으로 분리되는 경향이 있었다. 반면, 잼보드에서는 모든 학생이 동시에 필기할 수 있다. 이는 학생들이 개별 화이트보드를 사용할 때도 마찬가지다. 따라서 이러한 환경에서는 적절한 협업 행동을 확립하는 데 특히 신경을 써야 한다(실천 사항 12 참조).

생각하는 수업에서 학생들의 질문에 어떻게 대답해야 하는가?

실천 사항 5

동기식 가상 환경에서 학생의 질문에 교사가 응답하는 방식은 여러 측면에서 일반적인 생각하는 수업과 같다. 즉, 근접 질문과 생각을 중단하는 질문에는 응답하지 않아야 한다. 하지만 학생들이 어떤 질문을 하는지, 그 질문에 어떻게 응답해야 하는지, 그리고 이후에 무엇을 해야 하는지에 대해 더 유의해야 한다. 일반적인 교실에서는 교사가 실수로 생각을 유지하는 질문을 근접 질문으로 잘못 판단한 다음 그냥 미소 짓고 지나쳐도, 질문을 한 학생이나 모둠은 주변의 다른 학생이나 모둠에게 도움을 요청할 수 있었다. 이처럼 도움이나 정보에 접근할 수 있는 자율성이 잘 구축되면, 교사에게 오는 질문의 수(어떤 유형이든)가 줄어들고, 그 질문에 정확히 답해야 할 필요성도 줄어들 것이다. 하지만 가상 환경에서는 그렇지 않다. 가상 환경에서는 학생들이 다른 모둠의 잼보드를 볼 수는 있겠지만, 다른 모둠과 의사소통하며 협력하는 활동은 현저히 감소한다. 즉, 이러한 가상 환경에서는 학생들이 활용할 수 있는 학습 자원이 줄어들 수밖에 없다.

그래서 우리는 더욱 명료하게 해야 한다. 질문이 근접 질문인지 생각을 유지하는 질문인지 판단할 수 없을 때는 생각을 유지하는 질문 쪽으로 응답하는 것이 좋다. 만약 질문에 응답하지 않기로 결정했다면, 다시 돌아와 그 모둠이 질문에 대한 응답 없이도 잘 진행되고 있는지 확인해야 한다. 이는 말처럼 쉽지 않다. 하지만, 이러한 제약과 어려움 속에서도 한 줄기 희망이 있다. 그것은 바로, 지식피드를 활용하면 지식의 이동이 가능하다는 것이다(실천 사항 8 참조). 학생들에게 지식피드를 살펴보게 하여 자신의 질문에 대한 답을 찾게 할 수 있다. 또한, 학생들이 질문에 대한 답을 찾을 수 있도록 지식피드에 무언가를 추가하는 것도 고려할 수 있다. 만약 동일한 질문을 여러 번 받거나 같은 질문에 여러 번 답할 필요가 있다고 예상된다면, 지식피드에 힌트를 제공하면 된다.

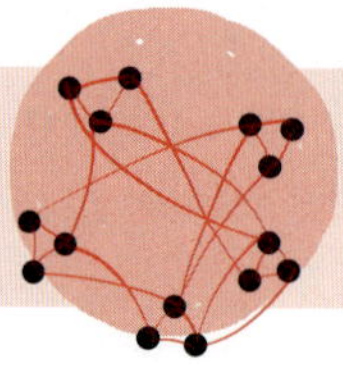

생각하는 수업에서 학생의 자율성은 어떻게 촉진해야 하는가?

실천 사항 8

생각하는 수업에서 기르고자 하는 자율성은 다른 모둠으로부터 지식을 얻는 자율성, 즉 지식의 이동에 관한 것이다. 일반적인 생각하는 수업에서는 학생들이 다른 모둠의 세로 활동판을 소극적으로 살펴보거나, 다른 모둠과 적극적으로 토론에 참여함으로써 지식의 이동이 이루어진다. 동기식 가상 교실에서도 지식피드를 활용하면 소극적 참여가 가능하다. 지식피드는 학생들이 막혔을 때 빠르게 훑어보며 힌트를 얻거나, 다음 과제로 이동할 준비가 되었을 때 심화 과제를 얻을 수 있는 공간을 제공한다. 다섯 개의 모둠이 하나의 잼보드를 공유하게 하면, 각 모둠의 활동 내용을 소극적으로 훑어볼 수도 있다. 한 모둠이 활동하고 있는 특정 잼보드를 넘어 다른 모둠의 산출물을 보게 하려면, 사용 중인 모든 잼보드 링크를 지식피드에 게시해야 한다.

생각하는 수업 구현에 관한 초기 연구에서 살펴본 바와 같이, 지식을 단순히 제공하는 것만으로는 충분하지 않다. 학생들이 이 지식에 접근할 수 있도록 도와야 한다. 그리고 이전 책에서 논의된 것처럼, 학생들에게 이에 대해 말하는 것만으로는 충분하지 않다. 학생들이 지식에 접근하도록 하려면, 의도적으로 덜 도와주는 방식이 필요하다. 즉, 그들의 질문에 직접 답하는 대신, 지식피드나 잼보드에서 원하는 정보를 찾을 수 있는 곳으로 안내하는 것이 좋다. 이렇게 하면, 학생의 행동에 대한 교사의 세심한 주의(실천 사항 12 참조)와 결합하여, 동기식 가상 학습 환경에서도 지식 이동이 향상될 수 있을 것이다.

생각하는 수업에서 평가를 어떻게 할 것인가?

실천 사항 12

동기식 가상 환경이 가진 독특한 기회와 제한 사항으로 인하여, 생각하는 수업을 구현하기 위해서는 학생들이 특별한 방식으로 행동해야 한다. 이러한 행동을 형성하는 가장 좋은 방법 중 하나는 교사가 가치 있게 여기는 행동을 평가하는 것이다. 동기식 가상 환경에서 이루어지는 생각하는 수업에서 우리가 가치 있게 여겨야 할 것은, 과제를 제시하거나 종합 · 정리할 때 대면 수업 때만큼 학생들이 집중하는 것이다. 이는 학생들이 자신의 행동에 대해 더 많은 책임을 져야 한다는 것을 의미한다. 이를 위하여, 참여하는 학습자, 주의 깊은 청취자, 또는 학습 준비가 된 사람의 의미에 대하여 학생들과 공동으로 평가 기준을 작성한다. 또한, 아이디어를 수집하는 것이 무엇을 의미하는지, 막혔을 때 또는 활동을 마쳤을 때 무엇을 해야 하는지, 모둠이 효과적으로 활동하기 위해서는 무엇이 필요한지에 대한 평가 기준을 작성한다. 마지막으로, 디지털 화이트보드에서 번갈아 가며 필기를 하는 방법에 관한 내용도 평가 기준에 포함될 수 있다. 필기하는 학생에 초점을 맞추어 모둠 내의 협업, 화이트보드 예절 등에 대한 평가 기준도 작성한다. 요컨대, 일반적인 생각하는 수업에서 그랬듯이, 변화를 주고 싶은 학생의 행동을 찾아내고 이에 대한 평가 기준을 학생들과 공동으로 작성한다.

생각하는 수업에서 가구는 어떻게 배치해야 하는가?

실천 사항 4

동기식 가상 환경에서는 비정면화할 가구가 없다. 하지만 교실을 비정면화하는 것은 단지 하나의 수단일 뿐이지, 그 목적은 학생들이 교실을 생각하기에 안전한 공간으로 인식하도록 적절한 혼돈을 유지하려는 것이다. 즉, 실수해도 괜찮을 정도로 교실에 무질서를 도입하는 것이다. 교실의 비정면화는 이러한 목적을 달성하기 위한 방법 중 하나일 뿐이다. 대면 교실에서는 고정된 책상 배열로 인해 비정면화에 한계가 있지만, 약간의 혼돈을 도입할 수 있는 다른 방법이 있다. 지식피드를 사용하는 모든 교실(대면이지만 거리 두기가 적용된 교실, 하이브리드 교실, 가상 학습 상황 포함)에서 가장 쉬운 방법은 지식피드를 의도적으로 정리되지 않은 혼돈 상태로 두는 것이다. 지식피드에 게시되는 모든 정보가 주제별 또는 시간 순서대로 조직될 필요는 없다. 사고 과정은 본래 혼란스럽고 오류가 많다. 지식피드에 이러한 혼돈이 나타나도록 할 필요가 있다. 힌트를 추가해야 할 경우, 해당 과제나 관련 질문 옆에 배치해야 한다는 강박을 가질 필요가 없다. 교사나 학생들이 지식피드에 추가하는 스크린샷이나 이미지도 마찬가지다. 지나치게 혼란스럽지 않도록 주의하면서 지식피드의 논리적 및 시간적 흐름을 일부러 방해하는 것도 좋은 방법이다. 학생들의 활동과 마찬가지로, 지식피드는 사고 과정의 결과물이므로 항상 논리적이고 정돈된 상태일 필요는 없다.

생각하는 수업에서 과제는 언제, 어디서, 어떻게 제시해야 하는가?

실천 사항 6

동기식 가상 교실에서도 생각하는 수학 수업을 하기 위해서는 여전히 수업 시작 첫 5분 동안 과제를 구두로 제시한다. 하지만 일반 교실처럼 학생들이 교사 주변에 모여 있는 상태에서 과제를 제시할 수는 없다. 가상 환경에서는 교사의 설명을 듣는 것과 관련된 규범을 확립하는 데 특히 유의해야 한다(실천 사항 12 참조). 과제를 제공하고 모둠이 활동을 시작한 후에는 해당 과제의 텍스트를 최소화한 형태로 지식피드에 게시한다. 즉, 구두 설명에는 스토리텔링, 이야기(서사), 또는 모델링과 같은 요소들이 포함될 수 있지만, 지식피드에 게시할 과제는 텍스트로 간단하게 제시한다. 가령, 이전 책 6장에서 소개했던 '제빵사' 과제를 예를 들어보자. 동기식 가상 환경에서도 일반적인 생각하는 수업과 마찬가지로, '빵집에서 일하는 가난한 소녀가 각 조각의 크기를 계산해야 하는데 점점 빵 조각이 복잡해지는 상황'으로 이야기를 전개할 수 있다. 그러나 동기식 가상 환경의 지식피드에 게시할 내용은 단순히 "다음 케이크 조각이 전체 케이크에서 차지하는 양을 분수로 나타내시오"와 같이 간단하게 제시하면 된다.

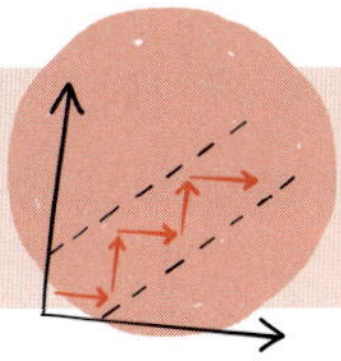

생각하는 수업에서 힌트와 심화 과제를 어떻게 활용할 것인가?

실천 사항 9 학생들이 동기식 가상 환경에서 활동하더라도 몰입 상태를 유지해야 하지만, 무엇보다 적절한 타이밍을 맞추는 것이 어렵다. 일반적인 생각하는 수업에서는 각 모둠이 활동하고 있는 모든 내용이 한눈에 보인다. 이는 교사가 각 모둠의 진행 상황을 모니터링할 뿐만 아니라 필요할 때 힌트나 심화 과제를 제공할 수 있게 한다. 하지만 학생들이 가상 환경에서 활동하는 경우에는 각 모둠의 진행 상황을 신속히 파악하는 데 어려움이 있다. 따라서, 각 모둠 스스로 지식을 이동할 수 있어야 하고, 능력과 도전 사이에서 균형을 유지함으로써 몰입 상태를 지속시킬 수 있어야 한다. 모둠이 막혔을 때는 지식피드나 다른 잼보드에서 힌트를 찾아야 하고, 더 나아갈 준비가 되었을 때는 지식피드에서 다음 심화 과제를 찾아야 한다. 교사의 역할은 일련의 과제 배열을 만들어서 가장 빠르게 진행하는 모둠의 속도에 맞추어 이를 하나씩 지식피드에 추가하는 것이다. 하지만, 그렇다고 단순히 과제 배열을 지식피드에 게시하라는 의미는 아니다. 연구 결과에 따르면, 이는 '결승선을 향한 질주' 행동을 유발하여 협업을 깨뜨리는 것으로 나타났다. 각 모둠이 현재 과제에 집중하고 생각하기를 유지하도록 여러 가지 힌트와 각 모둠의 산출물의 이미지 속에 과제를 분산하여 배열해야 한다.

생각하는 수업에서 수업을 어떻게 종합·정리할 것인가?

실천 사항 10 일반적인 생각하는 수업에서는 학생들이 제시된 과제를 하나씩 해결하는 동안 교사는 교실을 돌아다니며 아이디어를 학생들에게 제안하기도 하고, 이후의 종합 · 정리에 대비하여 학생들의 결과물을 선정하기도 한다. 동기식 가상 수업에서도 여전히 이러한 작업이 필요하다. 그러나, 고정된 좌석 환경에서는 학생들의 결과물을 지정하는 과정이 이미 사진이나 화면 캡처 형태로 지식피드에 게시되고 있다는 점에서 차이가 있다. 게시할 결과물의 선정은 교사나 학생 모두 할 수 있다. 따라서 갤러리 워크는 지식피드를 통한 가이드 투어 형태로 나타난다. 하지만 일반적인 생각 중심 교실과 마찬가지로, 모든 결과물을 단순히 보여주는 것은 아니다. 또한, 결과물을 따라서 선형적으로 이동하는 것도 아니다. 즉, 학생들이 수업에서 경험했던 복잡함과 미묘함을 이해할 수 있도록 학생들의 결과물을 신중하게 선택하고 배열해야 한다.

지식피드가 종합 · 정리의 원천이라는 점에서, 교사는 지식피드에 무엇을 게시하고 어떻게 게시할지 선택해야 한다. 이러한 교사의 선택은 학생들이 지식피드에 게시하는 방식에도 영향을 미칠 수 있다. 그러나 현실이 그렇다고 하더라도 지식이 생성되는 방식을 과도하게 통제하지 않도록 유의한다. 여전히 지식피드는 일정 수준의 혼돈을 유지해야 하며, 이를 통해 학생들에게 혼란스러움과 실수가 생각하기의 일부라는 메시지를 전달할 수 있다(실천 사항 4 참조).

사용자 키트

동기적 가상 학습에서도 생각하는 수업을 위한 14가지 실천 사항은 여전히 유효하다. 일부는 그대로 실행하면 되지만, 몇몇은 조정이 필요하다. 또한, 이러한 실천 사항들을 구현하는 순서와 사용자 키트도 조정이 필요하다(그림 4.2 참조).

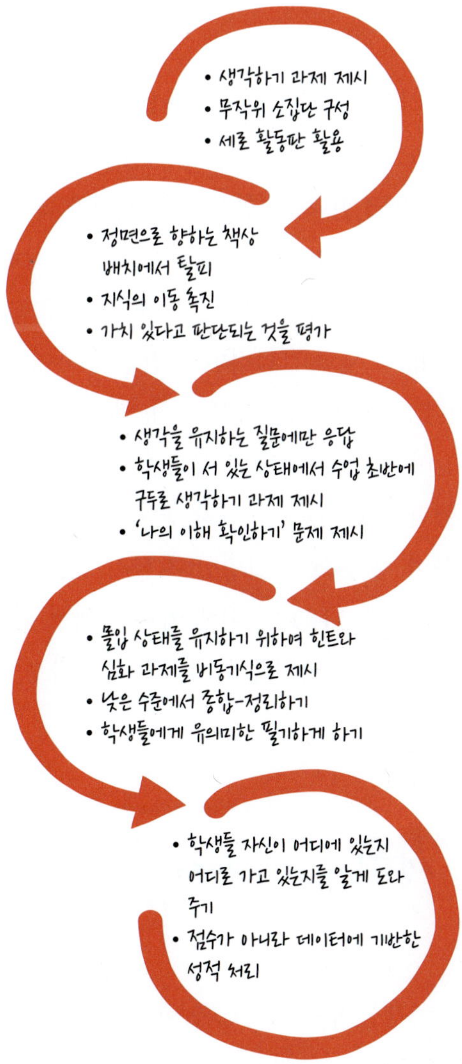

그림 4.2 동기식 가상 학습 상황에서 생각하는 수업을 진행하기 위한 사용자 키트

5

비동기식 가상 학습(온라인 학습)에서의 생각하는 수학 수업

가상 학습(또는 온라인 학습)은 COVID-19 팬데믹 이전부터 존재해 왔으며, 팬데믹 이후에도 계속될 것이다. 가상 학습은 전체 또는 부분적으로 비동기식으로 진행되기도 한다. 비동기식은 학생과 교사가 이메일, 채팅, 토론 게시판 등과 같은 디지털 매체를 통하여 시간에 상관없이 상호작용하는 것을 의미한다. 비동기식 가상 학습은 종종 자기 주도형 원격 교육 모델을 기반으로 구축되며, 교사의 간헐적인 지원을 통하여 교육과정과 독립적으로 운영될 수 있다. 이러한 비동기식 가상 환경에서도 생각하는 수업을 구현하는 것은 여전히 가능하며, 대면 학습과 병행하여 운영될 수도 있다. 이전 책에서 언급했던 14가지 실천 사항 중 9가지 실천 사항에 대하여 약간의 조정이 필요하며, 서론에서 설명한 지식피드를 활용할 필요가 있다. 나머지 4가지 실천 사항(7, 11, 13, 14)은 이전 책에서 설명한 대로 가상 비동기식 환경과 병행하여 이루어지는 독립적인 교육과정에 적용할 수 있다.

TASK 생각하는 수업에서는 어떤 과제를 사용하는가?

실천 사항 1

학생들이 생각하도록 하려면, 생각할 거리를 제공해야 한다. 이는 어떤 환경에서든 마찬가지다. 비동기식 가상 환경에서는 비동기식 토론을 유도할 뿐만 아니라 해결하는 데도 시간이 오래 걸리는 과제를 선택해야 한다. 예를 들어, 세금 징수 문제(《생각하는 수학 수업, 2024》 6장 참조)는 학생들에게 생각할 기회를 제공하는 훌륭한 과제이다. 그러나 이 과제는 비동기식 환경에서는 너무 빠르게 진행된다. 만약 한 모둠의 모둠원이 처음 문제를 접한 다음 바로 해결 방법을 작성해 버린다면, 나머지 모둠원들에게는 할 일이 거의 남지 않게 된다. 따라서, 해결하는 데 더 많은 시간과 노력이 필요한 과제를 제시해야 한다. 예를 들어, 다음과 같은 문제를 고려해 볼 수 있다.

> 세 개의 정수를 무작위로 선택한다. 예를 들어, 7, 12, 그리고 5를 선택할 수 있다. 이 수들을 한 줄로 적은 다음, 수들의 아래에 각 인접한 수들의 합을 적는다. 그리고 그 합의 아래에 다시 인접한 수들의 합을 적는다. 이렇게 계속 진행하여 마지막에 한 개의 수만 남을 때까지 반복한다.
>
> 7 12 5
>
> 19 17
>
> 36
>
> 마지막 수(36)는 짝수이다.
>
> 질문: 처음 세 개의 숫자만 보고 마지막 수가 짝수인지 홀수인지 예측할 수 있을까? 만약 처음에 네 개의 수가 주어지면 어떻게 될까? 다섯 개의 수가 주어지면? 여섯 개의 수가 주어지면? N개의 수가 주어지면?

이 과제는 겉보기에 단순해 보인다. 그러나 이를 해결하려면 탐색, 실험, 자료 수집이 필요하다. 또한, 이러한 정보를 종합하여 가설을 세운 다음, 그 가설을 검증하는 과정이 필요하다.

이 과정에서 흥미로운 점은 각 모둠이 과제를 얼마나 진행했든지와 상관없이, 학생들은 각 단계에서 이전보다 더 많은 것을 알게 되며, 답에 대해 말할 수 있는 근거가 생긴다는 것이다. 결국, 과제를 완전히 해결했든 그렇지 않든, 생각하기와 학습이 이루어진다. NRICH (https://nrich.maths.org/)는 이러한 목적에 적합한 다양한 과제를 제공한다. 또한, 이전 책 1장에서 소개된 수리 과제(https://www.peterliljedahl.com/teachers/numeracy-tasks)도 같은 역할을 할 수 있다.

이러한 과제는 모든 학생이 쉽게 접근할 수 있어야 하며, 동시에 각 모둠이 오랜 시간 동안 몰입할 수 있도록 점진적인 복잡성을 띠고 있어야 한다. 처음에 제시되는 과제는 교육과정과 관련이 없는 것이어야 한다. 그 이후에 교육과정과 연계된 과제에 초점을 두어야 한다. 예를 들어, 학생들에게 여러 함수의 변화를 탐색하게 한 다음, 함수의 여러 구성 요소들이 그래프에 어떤 영향을 미치는지에 대하여 추측하게 할 수 있다. 또한, 특정 사건(가령, 촛불이 타는 것)에 대한 자료를 수집하고, 이를 정리하고, 그래프로 나타내고, 자료를 바탕으로 결론을 도출하는 프로젝트를 수행하게 할 수도 있다. 교사는 이러한 교육과정 기반 과제를 찾고 개발해야 할 필요가 있다. 좋은 점은, 비동기식 가상 교실에서는 각 과제에 더 많은 시간을 할애할 수 있어서, 대면 교실에서보다 적은 수의 과제가 필요하다는 것이다.

생각하는 수업에서 협력적 소집단은 어떻게 구성해야 하는가?

실천 사항 2

생각하는 수업에서는 학생들에게 함께 생각할 협력자를 제공해야 한다. 이는 비동기식 가상 교실에서도 마찬가지다. 대면 수업과 마찬가지로, 여전히 시각적으로 드러나도록 무작위로 모둠을 구성할 필요가 있다. 그러나 비동기식 가상 환경에서는 대면 환경보다 모둠의 크기가 더 커야 한다. 그 이유는 비동기식 가상 환경에서 발생하는 참여 시간의 격차로 인하여 모둠 내에서 발생하는 상호작용의 다양성이 감소시키기 때문이다. 1명 더 늘여 4명으로 모둠을 구성하면 새로운 아이디어가 지속해서 생성될 가능성이 커지며, 동시에 대규모의 모둠에서 흔히 발생하는 파벌 형성을 방지할 수도 있다. 만약 학생 수가 4의 배수가 아닐 경우, 나머지는 3명으로 모둠을 구성한다. 5명은 너무 많고, 2명은 너무 적다.

각 모둠은 일단 주어진 과제를 비동기식으로 수행한다. 각 모둠은 비동기식으로 활동할 뿐만 아니라 필요에 따라 다양한 매체를 활용하여 동기식 만남으로 조정할 수도 있다. 예를 들어, 전화 통화나 문자 메시지, FaceTime, Zoom, Google Meets, WhatsApp 등의 플랫폼을 활용할 수 있다.

모둠의 크기를 4명(또는 3명)으로 유지하면, 학생들이 이러한 만남을 더 쉽게 조정할 수 있다.

비동기식 가상 환경에서는 제시된 과제를 해결하는 데 더 오랜 시간이 걸린다는 점을 고려하면, 학생들은 대면 수업보다 더 오랜 시간 동안 같은 모둠에 머물러야 있어야 한다. 비동기식 가상 환경에서는 각 모둠이 하나의 과제를 끝낼 때까지 유지되며, 이후에 다시 무작위 모둠으로 재구성된다.

생각하는 수업에서 학생이 활동하는 공간은 어디이어야 하는가?

실천 사항 3 학생들은 모둠 내에서 자신의 개별적인 생각과 공유된 생각을 나타낼 수 있는 비동기식 활동 공간에 접근할 수 있어야 한다. 비동기식 가상 환경에서 이를 가장 효과적으로 수행하는 방법은 클라우드 기반의 디지털 화이트보드를 사용하는 것이다. 무료로 이용 가능한 여러 가지 제품이 있으며 찾기 어렵지 않다. 내가 가장 효과적이라고 생각하는 것은 잼보드이다. 다른 제품과 달리 잼보드는 무료로 제공된다. 학생들은 잼보드를 이용하여 스타일러스(컴퓨터 화면에 글을 쓰거나

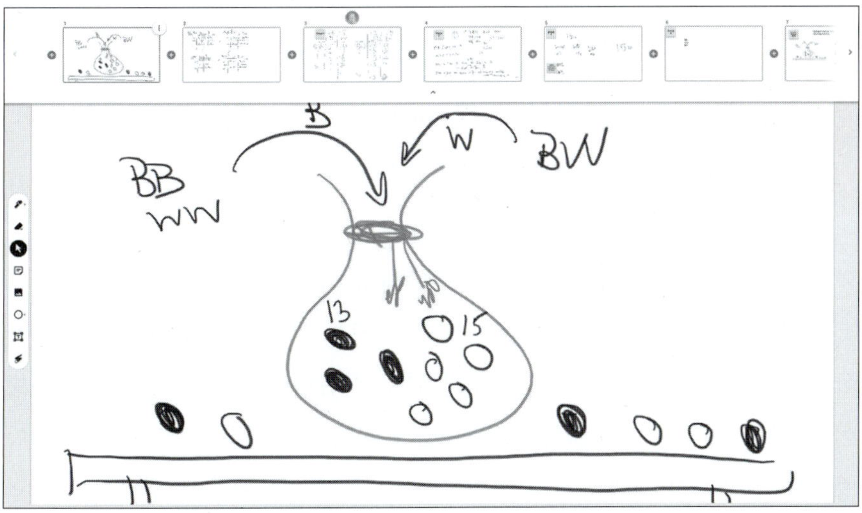

그림 5.1 여러 프레임으로 구성된 잼보드

그림을 그리는 데 쓰는 펜)나 마우스로 그림을 그리거나, 텍스트 상자나 메모를 추가하고, 이미지를 삽입하거나 지울 수 있다. 또한, 학생들이 텍스트 상자, 포스트잇, 이미지를 조작 도구로 활용할 수 있다(그림 5.1 참고). 마지막으로, 잼보드를 활용하면 모둠의 모든 모둠원이 같은 공간에서 동기식 및 비동기식으로 활동할 수 있다. 또 다른 좋은 점은, 모둠의 활동 공간이 부족하면 다른 프레임을 추가하거나 이동할 수 있다는 것이다. 각 잼보드 링크에는 최대 20개의 프레임을 추가할 수 있다(그림 5.1 참고).

과제를 수행하는 시간과 과제의 탐구적 특성을 고려할 때, 비동기식 상황에서는 각 모둠별로 잼보드를 제공하는 것을 제안한다. 이를 통해 각 모둠은 최대 20개의 프레임을 사용할 수 있는 활동 공간을 확보할 수 있다. 그러나 이 공간이 충분하지 않을 수도 있으므로, 필요에 따라 학생들이 추가로 잼보드를 생성하도록 한다.

비동기식 학습 상황에서는 비동기식으로 활동하는 시간이 많으므로, 잼보드가 개별 학생들이 선택하는 유일한 활동 공간이 아닐 수도 있다. 학생들은 노트북이나 화이트보드에서 활동하기를 원할 수도 있다. 이는 그들의 선택이므로 존중되어야 한다. 그러나 어느 시점에서는 학생들이 수행한 활동을 공유해야 한다. 학생들은 자신의 결과물을 사진으로 찍어 잼보드 또는 모둠에서 공유하기로 합의한 다른 플랫폼에 업로드할 수 있다. 이러한 개인 결과물을 공유하는 방법에 대한 논의는 실천 사항 12에서 더 자세히 다룰 것이다.

생각하는 수업에서 학생들의 질문에 어떻게 대답해야 하는가?

실천 사항 5

비동기식 가상 공간에서 이루어지는 생각하는 수학 수업에서는 학생들이 지식피드에 질문을 게시하도록 해야 한다. 이렇게 하면 학생의 질문과 교사의 답변이 모든 학생에게 공개되어 지식의 이동이 향상된다(실천 사항 8 참고). 이러한 질문에 대한 응답 방식은 일반적인 생각하는 수업과 유사하다. 즉, 학생들의 생각하기를 멈추게 만드는 질문에는 응답하지 않아야 한다. 차이점은 가상 공간에는 근접 질문 자체가 존재하지 않는다는 것이다. 따라서 교사는 생각을 중단하는 질문과 생각을 유지하게 하는 질문을 구별하는 것만 신경 쓰면 된다. 이를 위해 학생들이 어떤 질문을 하는지, 질문에 어떻게 응답해야 하는지, 그리고 그 후에 무엇을 해야 하는지에 대해 더욱 신중하게 접근해야 한다.

일반적인 생각하는 수업에서는 교사가 실수했을 때(예를 들어, 생각을 유지하는 질문을 근접 질문으로 착각하고 미소를 지으며 떠나는 경우) 질문을 한 학생이나 모둠은 주변의 다른 모둠에게 의견을 구할 수 있다. 이처럼 도움이나 정보에 접근할 수 있는 자율성이 잘 구축되면, 교사에게 오는 질문의 수(어떤 유형이든)가 줄어들고, 그 질문에 정확히 답해야 할 필요성도 줄어든다. 하지만 비동기식 가상 교실에서는 상황이 다르다. 학생들이 다른 모둠의 잼보드를 볼 수 있더라도, 다른 모둠과 직접 상호작용할 가능성은 매우 적다. 이로 인해 학생들이 활용할 수 있는 도움이나 정보도 제한될 수밖에 없다.

따라서, 우리는 더욱 정확하게 판단해야 한다. 질문이 생각을 유지하는 질문인지 확실하게 판단하기 어렵다면, 생각을 유지하는 질문으로 판단하고 응답하는 것이 낫다. 만약 질문에 응답하지 않기로 결정했다면, 학생들이 답을 찾을 수 있도록 힌트를 제공한다. 예를 들어, 특정 잼보드 프레임, 특정 모둠, 또는 참고할 수 있는 교재 등에 안내할 수 있다. 이것은 말처럼 쉬운 일이 아니다. 하지만, 이러한 제약과 어려움 속에서도 한 줄기 희망이 있다. 그것은 바로, 지식피드를 활용하면 지식의 이동이 가능하다는 것이다(실천 사항 8 참조). 학생들에게 지식피드를 살펴보게 하여 자신의 질문에 대한 답을 찾게 할 수 있다. 또한, 교사는 학생들이 질문에 대한 답을 찾을 수 있도록 지식피드에 무언가를 추가할 수 있다.

생각하는 수업에서 과제는 언제, 어디서, 어떻게 제시해야 하는가?

실천 사항 6

비동기식 가상 환경에서는 대면 교실에서처럼 학생들이 교사 주변에 모여 있는 상태에서 과제를 제시할 수 없다. 또한, 수업 시작 후 첫 5분 동안 이루어지는 영향력도 그 의미를 잃게 된다. 그러나 단위 수업에서 학생들이 가장 먼저 접하는 것은 여전히 생각하기 과제이어야 한다. 또한, 과제는 구두로 제시되어야 하며, 과제를 구두로 표현하여 디지털 화이트보드에서 비디오 형태로 제시될 수 있다. 예를 들어, 이 장의 '실천 사항 1'에 나오는 과제를 제시하는 비디오 스크립트를 살펴보자.

교사	임의의 자연수 세 개를 선택해 보자.[디지털 화이트보드에 7, 12, 5를 적음]
교사	이제 이 수들을 한 줄로 적은 다음, 수들의 아래에 각 인접한 수들의 합을 구합니다.[처음 선택한 세 개의 수 아래에 19와 17을 적음]
교사	그리고 계속해서 인접한 수들의 합을 구하는 과정을 마지막에 단 하나의 수만 남을 때까지 반복합니다.[이전 줄 아래에 36을 적음]
교사	마지막 수는 짝수입니다. 그렇다면 우리가 처음 선택한 세 개의 수만 보고도 마지막 수가 짝수인지 홀수인지 예측하는 방법이 있을까요? 만약 처음에 네 개의 수로 시작했다면? 다섯 개라면? 여섯 개라면? 그리고 계속해서 수를 늘려가면 어떻게 될까요?

학생들은 과제의 내용을 더 자세히 듣거나 살펴볼 필요가 있을 때, 이 비디오에 반복해서 접근할 수 있다. 또한, 이를 지식피드에 간략한 텍스트 버전으로 올릴 수도 있다. 즉, 음성 안내에는 스토리텔링, 서사적 요소, 또는 모델링이 포함될 수 있지만, 지식피드에 게시하는 내용은 학생들이 수행해야 할 단순한 지침의 형태로 제공된다. 예를 들어, 앞서 제시된 문제의 경우, 수들이 역삼각형 형태로 표현된 영상의 화면 캡처와 함께 다음과 같은 질문을 제시한다. "세 개의 자연수가 주어졌을 때, 최종 숫자가 짝수인지 홀수인지 예측하는 방법이 있을까? 만약 네 개의 수로 시작했다면? 다섯 개라면? N개로 시작했다면 어떻게 될까?"

생각하는 수업에서 가구는 어떻게 배치해야 하는가?

실천 사항 4

비동기식 가상 환경에서는 교실을 비정면화할 가구가 없다. 하지만 교실을 비정면화하는 것은 단지 하나의 수단일 뿐이지, 그 목적은 학생들이 교실을 생각하기에 안전한 공간으로 인식하도록 적절한 혼돈을 유지하려는 것이다. 즉, 실수해도 괜찮을 정도로 교실에 무질서를 도입하는 것이다. 교실의 비정면화는 이러한 목적을 달성하기 위한 방법 중 하나일 뿐이다. 교실에 적절한 혼돈을 도입하는 다른 방법들도 있다. 지식피드를 사용하는 교실에서, 가장 쉬운 방법은 지식피드를 혼란스럽게 두는 것이다. 지식피드에 게시되는 모든 정보가 주제별 또는 시간 순서대로 조직될 필요는 없다. 만약 힌트를 제공해야 한다면, 해당 힌트가 반드시 특정 과제 바로 뒤에 배치될 필요도 없다. 이는 교사나 학생들이 지식피드에 추가하는 스크린샷이나 이미지에도 동일하게 적용된다. 의도적으로 논리적이고 시간순으로 정리된 흐름을 깨트리는 것이 좋다. 학생들의 결과물처럼 지식피드는 사고 과정의 산물이다. 사고 과정은 무질서하며 실수가 잦으며 불완전한 것이다. 지식피드에 이러한 혼돈이 나타나도록 할 필요가 있다. 그렇다고 해서 일반 교실처럼 지나치게 혼란스러울 필요는 없다. 적절한 수준을 유지할 필요가 있다. 학생들은 이미 논리적인 구성과 거리가 먼 다양한 소셜 미디어 환경을 탐색하는 데 익숙하므로 이러한 방식에도 잘 적응할 수 있을 것이다.

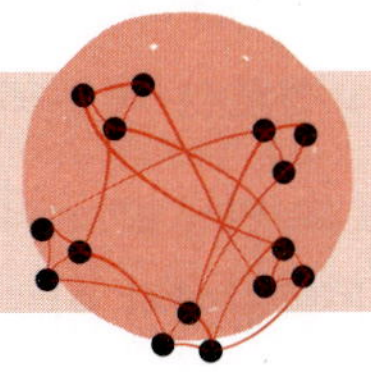

생각하는 수업에서 학생의 자율성은 어떻게 촉진해야 하는가?

실천 사항 8

생각하는 수업에서는 지식의 이동, 즉 학생들이 다른 모둠으로부터 지식을 얻을 수 있는 자율성을 키우는 것이 중요하다. 일반적인 생각하는 수업에서는, 학생들이 다른 모둠의 세로 활동판을 소극적으로 흘끗 보거나 다른 모둠의 산출물에 대해 적극적으로 토론하면서 지식의 이동이 이루어진다. 비동기식 가상 사고 교실에서도, 지식피드를 활용하면 소극적 참여가 가능하다. 학생들은 지식피드를 통하여 막혔을 때 빠르게 힌트를 얻을 수 있으며 진도를 더 나가야 할 때는 심화 과제를 제공받을 수 있다. 또한, 잼보드나 기타 디지털 화이트보드를 활용하면, 각 모둠의 활동 내용을 소극적으로 훑어보는 것도 가능하다. 이러한 소극적 관찰이 특정 잼보드에 한정되지 않기 위해서는 사용 중인 모든 잼보드 링크를 지식피드에 공유해야 한다. 그리고 학생들이 잼보드 링크를 추가로 생성했을 경우에도 이를 지식피드에 게시하도록 한다.

그러나, 생각하는 수학 수업에 관한 연구에서 살펴본 바와 같이, 단순히 지식을 제공하는 것만으로는 충분하지 않다. 학생들이 그 지식에 접근할 수 있도록 도와야 한다. 즉, 이전 책에서 논의된 바와 같이, 학생들에게 이것에 관해 이야기하는 것만으로는 충분하지 않다. 교사가 의도적으로 덜 도와줌으로써 학생들이 이를 활용하도록 해야 한다. 따라서 학생들의 질문에 응답하는 대신, 그들이 찾고 있는 것을 지식피드나 잼보드에서 찾게 할 필요가 있다. 이렇게 하면, 학생의 행동에 대한 교사의 세심한 주의(실천 사항 12 참조)와 결합하여, 비동기식 가상 환경에서도 지식 이동이 증가될 것이다.

생각하는 수업에서 평가를 어떻게 할 것인가?

실천 사항 12

비동기식 가상 환경에서도 생각하는 수학 수업이 이루어지기 위해서는 학생들이 특정한 방식으로 행동해야 할 필요가 있다. 이러한 행동을 형성하는 가장 좋은 방법 중 하나는 우리가 가치 있게 여기는 것을 평가하는 것이다. 비동기식 가상 환경에서 이루어지는 생각하는 수업에서 중요하게 여겨야 할 가치는 다음과 같다. 즉, 학생들이 모둠 내에서 원활하게 협력하는 것과 이용 가능한 학습 자원에 효과적으로 접근하는 것이다. 이 중 첫 번째 가치를 촉진하기 위하여 협업이나 모둠 활동에 대한 평가 기준을 학생들과 함께 공동 제작한다. 두 번째 가치를 지원하기 위해서는 아이디어를 수집하는 것이 무엇을 의미하는지, 막혔을 때 무엇을 해야 하는지에 대한 평가 기준을 공동으로 작성한다. 요컨대, 일반적인 생각하는 수업에서 그랬듯이, 변화를 주고 싶은 학생의 행동을 명확히 정의하고 이에 대한 평가 기준을 공동으로 작성한다.

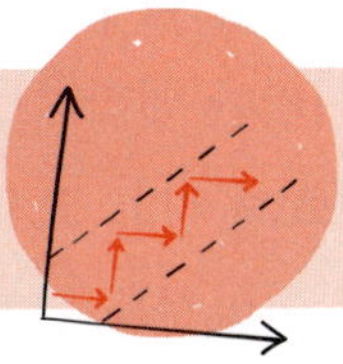

생각하는 수업에서 힌트와 심화 과제를 어떻게 활용할 것인가?

실천 사항 9

학생들이 비동기식 가상 환경에서 활동하더라도 몰입 상태를 유지하는 것이 중요하지만, 무엇보다 적절한 타이밍을 맞추는 것이 어렵다. 일반적인 생각하는 수업에서는 각 모둠의 활동이 한눈에 보이기 때문에, 교사는 진행 상황을 모니터링하고, 필요할 때 힌트나 심화 과제를 추가로 제공할 수 있다. 그러나 비동기식 가상 환경에서는 학생들의 진행 상황을 빠르게 파악하는 것이 어렵다. 따라서, 각 모둠 스스로 지식을 이동할 수 있어야 하고, 능력과 도전 사이에서 균형을 유지함으로써 몰입 상태를 지속시킬 수 있어야 한다. 막혔을 때는 지식피드나 다른 잼보드에서 힌트를 찾아야 하고, 더 나아갈 준비가 되었을 때는 지식피드에서 다음 심화 과제를 찾아야 한다. 교사의 역할은 일련의 과제 배열을 만들어서 가장 빠르게 진행하는 모둠의 속도에 맞추어 이를 하나씩 지식피드에 추가하는 것이다.

생각하는 수업에서 수업을 어떻게 종합·정리할 것인가?

실천 사항 10

일반적인 생각하는 수업에서는 학생들이 제시된 과제를 하나씩 해결하는 동안 교사는 교실을 돌아다니며 아이디어를 학생들에게 제안하기도 하고, 이후의 종합 · 정리에 대비하여 학생들의 결과물을 선정하기도 한다. 비동기식 가상 환경에서도 여전히 이러한 작업이 필요하다. 차이점은 비동기식 가상 환경에서는 교사 또는 학생에 의해서 학생들의 결과물이 이미 사진이나 화면 캡처 형태로 지식피드에 게시된다는 점이다. 그러나 지식피드에서 제공된 게시물만으로는 고유한 내러티브(서사)가 부족하다. 이 환경에서 교사의 역할은 학생들의 활동 내용을 하나의 내러티브로 엮어서 아래로부터의 종합 · 정리를 하는 것이다. 이때, 학생들이 찾아낸 것 중에서 가장 수준이 높은 해결책을 다루기보다는 기초적인 개념을 강화하는 데 초점을 맞춰야 한다. 이러한 내러티브를 구축하는 방법으로는 학생들의 결과물의 이미지를 PDF로 올리고 교사의 설명을 추가하는 방식이 있다. 또는, 학생들의 결과물의 이미지를 넘겨가며 주석을 달아 설명하는 영상을 녹화하여 올릴 수도 있다. 이러한 영상은 Zoom에서 학생들의 결과물이 여러 프레임에 걸쳐 게시된 잼보드를 공유하면서 쉽게 녹화할 수 있다. 이렇게 하면 한 번에 하나의 프레임씩 넘겨가면서 빨간 펜이나 소프트웨어에 내장된 레이저 포인터를 이용해 결과물 위에 그림을 그리거나 메모를 작성할 수도 있다.

지식피드가 종합 · 정리의 원천이 될 것이라는 점에서, 교사는 지식피드에 무엇을 게시하고 어떻게 디스플레이할지 선택해야 한다. 이러한 교사의 선택은 학생들이 지식피드에 게시하는 방식에도 영향을 미칠 수 있다. 그러나 현실이 그렇다고 하더라도 지식이 생성되는 방식을 과도하게 통제하지 않도록 유의한다. 여전히 지식피드는 일정 수준의 혼돈을 유지해야 하며, 이를 통해 학생들에게 혼란스러움과 실수가 생각하기의 일부라는 메시지를 전달할 수 있다(실천 사항 4 참조). 학생들이 교사가 어떤 내용을 선택할지를 예측하면서 게시물을 선정한다면, 그들의 사고 과정이 위축될 수 있다.

사용자 키트

비동기식 가상 학습 상황에서도 생각하는 수업을 위한 14가지 실천 사항은 여전히 유효하다. 이 장에서 포함되지 않은 실천 사항 7, 11, 13, 14는 이전 책에서 설명한 대로 기존 학습 상황에 그대로 적용하면 된다. 비동기식 가상 학습 상황에서 생각하는 수학 수업에 적용하기 위해서는 일부 조정이 필요하다. 또한, 이러한 실천 사항들을 구현하는 순서와 사용자 키트도 조정이 필요하다(그림 5.2 참조).

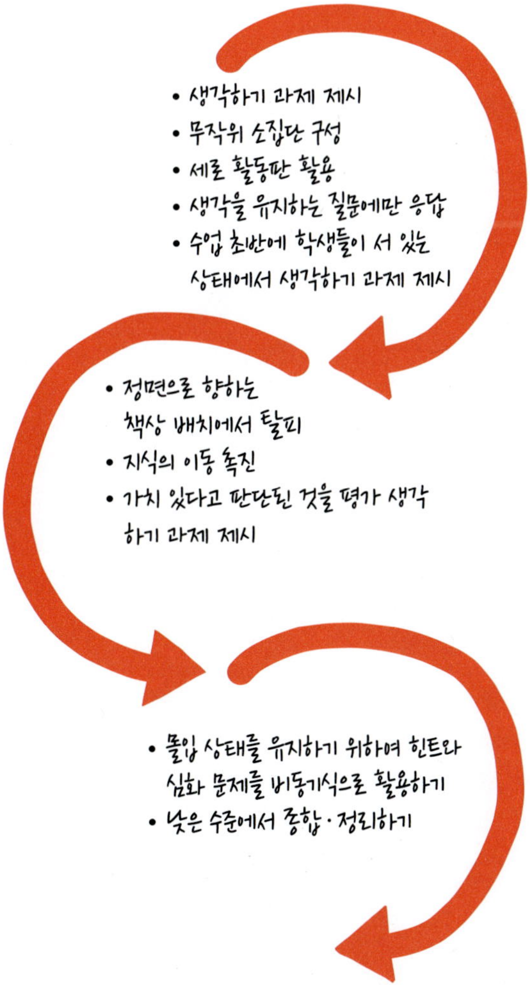

그림 5.2 비동기식 가상 학습에서 생각하는 수업을 진행하기 위한 사용자 키트

범주 3

하이브리드 학습 환경

6

비동기식 하이브리드 학습에서의 생각하는 수학 수업

COVID-19 팬데믹과 사회적 거리 두기의 필요성으로 인하여, 많은 지역 교육청에서 교실에 동시에 있는 학생 수를 줄이는 방법으로 하이브리드 학습을 도입했다. 하이브리드 학습은 여러 가지 방식으로 구현되는데, 흔히 학급을 두 집단(집단 A와 집단 B라고 하자)으로 나누어 일부 시간 동안은 대면 수업을 하고 나머지 시간 동안은 가정에서 학습하는 방식으로 운영된다. 다음은 몇 가지 일반적인 운영 방식이다.

- **날짜 교대제(Alternating Days)**: 집단 A에 속한 학생들은 월요일, 수요일, 금요일에 학교에 와서 대면 학습을 하고, 화요일과 목요일에는 가정에서 학습한다. 그룹 B는 반대로 화요일과 목요일에 학교에 와서 대면 학습을 하고, 나머지 요일에는 가정에서 독립적으로 학습한다. 그다음 주에는 집단 B가 월요일, 수요일, 금요일에 학교에 오고, 집단 A는 화요일과 목요일에 오도록 순서를 교대한다.
- **긴 교대 간격제(Longer Alternating Intervals)**: 날짜 교대제에서 교대 간격을 더 길게 하여, 연속으로 이틀 이상 대면 수업을 한 후 동일한 기간 동안 가정에서 학습하는 방식으로 운영된다.
- **짧은 교대 간격제(Shorter Alternating Intervals)**: 날짜 교대제에서 교대 간격을 더 짧게 하는 방식이다. 특히 초등학생들에게는 교대 간격이 더 짧을 수 있다. 예를 들어, 집단 A는 오전에 대면 수업을 하고 오후에는 가정에서 학습하고, 집단 B는 오

전에 가정에서 학습하고 오후에 대면 수업으로 운영된다.

- **공통 재택 학습 시간제(Common Home Time)**: 앞서 설명한 교대제 중 하나를 따르면서도 모든 학생이 일주일에 하루 이상 모든 학생이 가정에서 학습하는 방식이다. 예를 들어, 집단 A는 월요일과 수요일에 학교에 오고, 집단 B는 그날 가정에서 학습한다. 화요일과 목요일에는 집단 B가 학교에 오고, 집단 A가 가정에서 학습한다. 그리고 금요일에는 모든 학생이 가정에서 학습한다. 물론, 모든 학생이 재택 학습을 하는 요일과 시간을 변형한 다른 모델도 가능하다.

이 장에서는 비동기식 학습과 독립적 학습이 이루어지는 상황에 대하여 논의하려고 한다. 내가 관찰한 바로는 비동기식 하이브리드 학습은 두 가지 방식으로 실행된다. 첫 번째는 학교 대면 학습과 가정 학습을 모두 활용하여 교육과정을 이수하는 방식이다. 예를 들어, 집단 A는 월요일에 교실에서 개념 1, 2, 3을 학습한다. 이후 화요일에는 개념 4와 5를 가정에서 스스로 학습한다. 그러고 나서 교사는 수요일에 개념 6, 7, 8을 가르치는 방식으로 진행한다. 한편, 집단 B는 집단 A와 반대되는 날에 동일한 개념을 학습한다(예: 그림 6.1 참고).

집단 A	1, 2, 3	4, 5	6, 7, 8	9	10, 11
집단 B	1, 2, 3	4, 5	6, 7, 8	9	10, 11

그림 6.1 집단별 개념 배정
주: 흰색은 가정 학습, 회색은 학교 대면 학습

하지만, 생각하기 및 학습이 이루어지는 이러한 방식을 관찰한 결과, 나는 이 방식을 추천하지 않는다. 학생들이 개념 4와 5를 가정에서 스스로 학습했다고 가정하고, 이후 교실에서 모둠으로 개념 6, 7, 8을 학습하는 방식은 학생들에게는 스트레스를 주고 교사에게는 좌절감을 초래한다. 결과적으로, 교사는 학생들이 스스로 학습해야 하는 개념의 수를 줄이거나 가정에서 배운 개념을 교실 수업에서 다시 다루게 된다. 이 과정이 반복되면 결국 모든 개념이 교실에서 다시 다뤄지는 지점에 이르게 된다(그림 6.2 참고). 학생들이 가정에서 열심히 학습하는 경우에도 상황은 마찬가지다.

이처럼 가정에서의 노력에도 불구하고 학생들의 좌절감은 줄어들지 않으며, "어차피 선생님이 수업 시간에 다시 가르쳐주실 거야"라는 인식이 자리 잡게 된다. 결과적으로, 학생들은 개념을 배우기 위해 스스로 학습하기보다는 교실에서 배우기를 기다리게 된다.

집단 A	1, 2, 3	4, 5	4, 5, 6	7, 8	7, 8, 9
집단 B	1, 2	1, 2, 3	4, 5	4, 5, 6	7, 8

그림 6.2 수정된 집단별 개념 배정
주: 흰색은 가정 학습, 회색은 학교 대면 학습

이러한 문제점을 고려했을 때, 더 나은 하이브리드 학습 모델(이 장에서 논의할 모델)은 학생들이 개념을 처음 접하는 것이 교실에서 이루어지고, 이후 학생들이 가정에서 스스로 복습하고 개념을 구체화하는 방식이다(그림 6.3 참고).

집단 A	1, 2, 3	1, 2, 3	4, 5, 6	4, 5, 6	7, 8, 9
집단 B		1, 2, 3	1, 2, 3	4, 5, 6	4, 5, 6

그림 6.3 가정에서의 복습과 구체화를 위한 집단별 개념 배정
주: 흰색은 가정 학습, 회색은 학교 대면 학습

이 방식을 적용하면, 이전 책에서 설명한 것과 같은 생각하는 수업을 구현할 수 있다. 즉, 일부 수정이 가해진 대면 학습 방식이다. 이제 교실 수업 시간은 온전히 학생들이 교육과정 기반의 생각하기 과제를 해결하는 데 사용된다. 즉, 학생들은 무작위로 구성된 모둠으로 세로 활동판에서 활동하며, 이후에는 낮은 수준에서 계획된 종합 · 정리가 이루어진다. 이러한 활동을 지원하는 나머지 실천 사항들도 함께 적용된다. 개념을 구체화하는 학생들의 활동에는 나의 이해 확인하기, 유의미한 필기, 형성 평가 등이 포함된다.

비동기식 하이브리드 학습을 교실에서의 학습과 가정에서의 학습으로 나누어 운영하기 위해서는 생각하는 수업을 위한 실천 사항 중 6가지 실천 사항에 약간의 수정이 필요하다. 또한, 두 가지 지식피드를 운영해야 한다. 첫 번째는 Q&A 피드로서 학생들이 질문을 게시하면 교사나 다른 학생

들이 이에 응답할 수 있는 공간이다. 이 Q&A 피드는 모든 학습 주제(예: 원뿔 곡선, 대수, 삼각법, 분수 등)에서 똑같이 운영되어야 한다. 두 번째는 종합 · 정리 피드로서 교실에서 진행된 종합 · 정리 과정에서 확보한 사진이나 이미지를 아카이브(보관)하는 공간으로 활용된다. 수업마다 고유한 종합 · 정리 피드가 존재해야 한다.

생각하는 수업에서 학생들의 질문에 어떻게 대답해야 하는가?

실천 사항 5

대면 교실 수업에서는 일반적인 생각하는 수업에서 하던 대로 학생의 질문에 응답하거나 응답하지 않는 방식으로 대응하면 된다(이전 책 참고). 하지만 가정에서 비동기식으로 학습하는 학생들도 질문할 수 있으므로, 그런 경우에는 Q&A 피드에 질문을 게시하도록 한다. 학생과 교사는 모두 세로 활동판에서 활동한 내용을 이미지로 캡처하여 Q&A 피드에 게시할 수 있다. 이는 질문에 대한 응답으로 활용될 수도 있고, 중요한 정보를 저장하는 용도로도 사용할 수 있다. 오프라인의 토론 게시판보다 Q&A 피드를 활용하는 것이 더 효과적인 이유는, 교사나 학생들이 활동 내용의 이미지를 쉽게 업로드할 수 있기 때문이다. 학생들은 이 Q&A 피드에 자율적으로 질문을 게시하고 답변할 수 있으며 또 그렇게 하도록 유도해야 한다(실천 사항 8 참고).

그러나 비동기식 하이브리드 환경에서도 대면 수업과 마찬가지로, 어떤 유형의 질문을 하는지 그리고 어떻게 응답할 것인지에 유의해야 한다. 차이점은 Q&A 피드에서는 근접 질문이 존재하지 않는다는 것이다. 따라서, 생각을 중단하는 질문과 생각을 유지하는 질문을 구별하기만 하면 된다. 이를 위해, 학생들이 무엇을 묻고 있는지, 질문에 어떻게 응답해야 하는지, 그리고 그 후에 무엇을 해야 하는지에 대해 더 신중해야 한다. 일반적인 생각하는 수업에서는 교사가 실수하더라도(예를 들어, 생각을 유지하는 질문을 근접 질문으로 착각하고 미소를 지으며 떠나는 경우) 질문을 한 학생이나 모둠은 주변의 다른 모둠에게 의견을 구할 수 있다. 이처럼 도움이나 정보에 접근할 수 있는 자율성이 잘 구축되면, 교사에게 오는 질문의 수(어떤 유형이든)가 줄어들고, 그 질문에 정확히 답해야 할 필요성도 줄어든다. 하지만 집에서 독립적으로 학습하는 학생들은 여기에 해당하지 않는다. 학생들이 접근할 수 있는 도움이나 정보가 더 적기 때문이다.

그래서 우리는 더욱 확실하게 해야 한다. 질문이 근접 질문인지 생각을 유지하는 질문인지 판단할 수 없을 때는 생각을 유지하는 질문 쪽으로 응답하는 것이 좋다. 질문에 답하지 않기로 결정했다면, 학생들이 답을 찾을 수 있도록 지식피드에 힌트를 올려놓는다.

생각하는 수업에서 학생의 자율성은 어떻게 촉진해야 하는가?

실천 사항 8

앞에서 설명한 대로 Q&A 피드를 생성하여 활용하면, 학생들이 가정에서 독립적으로 학습할 때 지식에 접근할 수 있도록 도움을 줄 수 있다. 그러나, 생각하는 수학 수업에 관한 연구에서 살펴본 바와 같이, 단순히 지식을 제공하는 것만으로는 충분하지 않다. 학생들이 그 지식에 접근할 수 있도록 도와주어야 한다. 또한, 이전 책에서 논의된 것처럼 학생들에게 이것에 관해 이야기하는 것만으로는 충분하지 않다. 즉, 교사가 의도적으로 덜 도와줌으로써 학생들이 이를 활용하도록 해야 한다. 따라서 학생들의 질문에 응답하는 대신, 그들이 찾고 있는 것을 지식피드나 잼보드에서 찾게 할 필요가 있다. 이렇게 하면, 학생의 행동에 대한 교사의 세심한 주의(실천 사항 12 참조)와 결합하여, 비동기식 가상 환경에서도 지식 이동이 향상될 것이다.

생각하는 수업에서 평가를 어떻게 할 것인가?

실천 사항 12

비동기식 하이브리드 환경에서도 생각하는 수학 수업이 이루어지기 위해서는 학생들이 특별한 방식으로 행동해야 할 필요가 있다. 이러한 행동을 형성하는 가장 좋은 방법 중 하나는 우리가 가치 있게 여기는 것을 평가하는 것이다. 비동기식 하이브리드 환경에서 교사가 중요하게 여겨야 할 가치는 학생들이 가정에서 학습할 때 스스로 이용 가능한 학습 자원에 효과적으로 접근하는 기능을 개발하는 것이다. 학생들에게 이러한 기능이 중요하다는 것을 보여주기 위하여 Q&A 피드에 질문을 게시하는 방법, Q&A 피드에서 응답을 찾는 방법, 유의미한 필기를 하는 데 종합 · 정리 피드를 활용하는 방법에 대한 평가 기준을 학생들과 함께 공동으로 작성한다. 요컨대, 일반적인 생각하는 수업에서 그랬듯이, 변화를 주고 싶은 학생의 행동을 명확히 정의하고 이에 대한 평가 기준을 학생들과 공동으로 개발하는 것이 중요하다.

생각하는 수업에서 가구는 어떻게 배치해야 하는가?

실천 사항 4

생각하는 수업을 구현하기 위해서는 교실을 비정면화할 필요가 있다. 그러나 가정에서 학습하는 학생들에게는 비정면화할 교실 자체가 존재하지 않는다. 하지만 교실을 비정면화하는 것은 단지 하나의 수단일 뿐이지, 그 목적은 학생들이 교실을 생각하기가 가능한 안전한 공간으로 인식하도록 적절한 혼돈을 유지하려는 것이다. 교실을 비정면화하는 것은 이러한 목적을 달성하는 한 가지 방법일 뿐이며, 적절한 혼돈을 도입할 수 있는 다른 방법들도 있다.

비동기식으로 집에서 학습하는 학생들에게는 이러한 혼돈이 Q&A 피드에서 발생될 필요가 있다. 이를 가장 쉽게 실현하는 방법은 이 Q&A 피드를 혼란스럽게 두는 것이다. Q&A 피드에 게시되는 모든 질문과 답변을 주제별 또는 시간순으로 정리해야 한다는 강박관념을 가질 필요는 없다. 만약 힌트를 제공해야 한다면, 해당 힌트가 반드시 특정 과제 바로 뒤에 배치될 필요도 없다. 오히려, 의도적으로 논리적이고 시간순으로 정리된 흐름을 깨트리는 것이 좋다. Q&A 피드는 학생들의 결과물처럼 사고 과정의 산물이다. 사고 과정은 본래 혼란스럽고 실수가 가득하다. Q&A 피드에서도 이러한 특성이 드러나도록 해야 한다.

생각하는 수업에서 수업을 어떻게 종합·정리할 것인가?

실천 사항 10

비동기식 하이브리드 환경에서의 종합 · 정리도 이전 책에 설명한 것과 동일한 방식으로 이루어진다. 대면 수업에서는 종합 · 정리를 다음 수업으로 미룰 수 있겠지만, 비동기식 하이브리드 환경에서는 반드시 각 수업이 끝날 때마다 종합 · 정리를 진행해야 한다. 종합 · 정리가 끝난 후에는 갤러리 워크에서 보았던 세로 활동판의 사진을 찍어 종합 · 정리 피드에 순서대로 게시해야 한다. 각 학습 단위마다 이러한 하나의 종합 · 정리 피드가 필요하며, 각 수업 별로 구분해서 게시하는 것이 좋다. 또한, 집단 A와 집단 B를 대상으로 수업을 두 번씩 진행할 경우, 두 수업 간에 중복되는 내용이 많을 수 있다. 하지만 종합 · 정리한 내용을 각 수업 별로 구분하여 종합 · 정리 피드에 게시해야 한다. 학생들은 자신이 학습한 내용을 기억할 수 있도록 종합 · 정리 피드에 업로드된 이미지에 접근할 수 있어야 한다.

생각하는 수업에서 어떻게 학생들이 필기를 하게 할 것인가?

실천 사항 11

이 장의 서론에서 언급했듯이, 학생들은 가정에서 학습할 때도 유의미한 필기를 해야 한다. 의미 있는 필기를 하는 데 종합 · 정리 피드가 유용하게 활용될 수 있다.

사용자 키트

교실에서의 대면 학습과 가정에서의 비동기식 학습이 교대로 이루어지는 학습 상황에서도 생각하는 수업을 위한 14가지 실천 사항은 여전히 유효하다. 일부는 그대로 실행하면 되지만, 몇몇 실천 사항은 조정이 필요하다. 또한, 이러한 실천 사항들을 구현하는 순서와 사용자 키트도 조정되어야 한다(그림 6.4 참조).

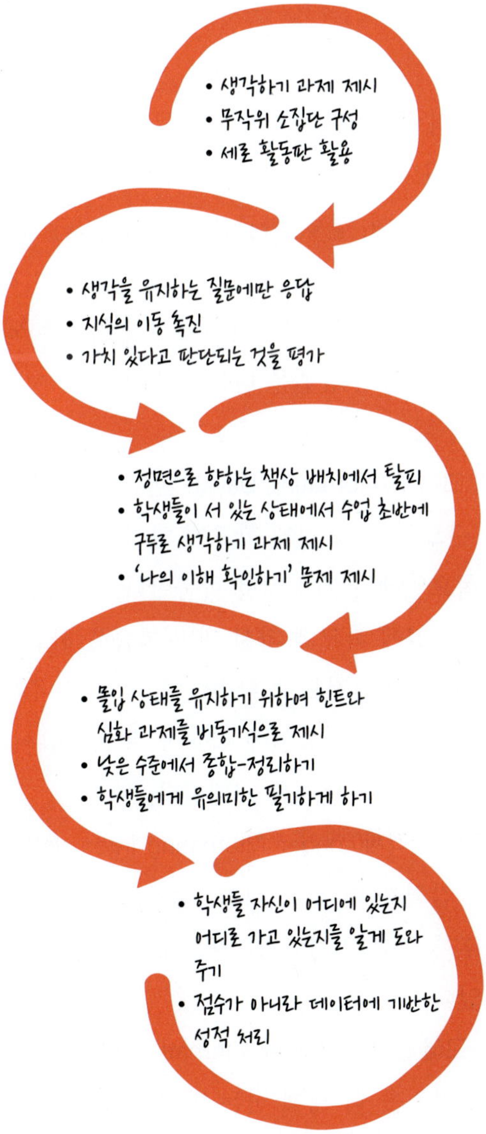

그림 6.4 비동기식 하이브리드 학습 상황에서 생각하는 수업을 구현하기 위한 사용자 키트

7

동기식 하이브리드 학습에서의 생각하는 수학 수업

COVID-19 팬데믹 동안 많은 지역 교육청에서 교실 내 학생 수를 줄이는 방법으로 하이브리드 학습 모델을 도입하였다. 하이브리드 학습은 여러 가지 방식으로 구현되는데, 흔히 학급을 두 집단(집단 A와 집단 B라고 하자)으로 나누어 일부 시간 동안은 대면 수업을 하고 나머지 시간 동안은 가정에서 학습하는 방식으로 운영된다. 6장에서 언급한 바와 같이 이를 실행하는 가장 일반적인 네 가지 방법은 다음과 같다.

- **날짜 교대제(Alternating Days):** 집단 A에 속한 학생들은 월요일, 수요일, 금요일에 학교에 와서 대면 학습을 하고, 화요일과 목요일에는 가정에서 학습한다. 그룹 B는 반대로 화요일과 목요일에 학교에 와서 대면 학습을 하고, 나머지 요일에는 가정에서 독립적으로 학습한다. 그다음 주에는 집단 B가 월요일, 수요일, 금요일에 학교에 오고, 집단 A는 화요일과 목요일에 오도록 순서를 교대한다.
- **긴 교대 간격제(Longer Alternating Intervals):** 날짜 교대제에서 교대 간격을 더 길게 하여, 연속으로 이틀 이상 대면 수업을 한 후 동일한 기간 동안 가정에서 학습하는 방식으로 운영될 수 있다.
- **짧은 교대 간격제(Shorter Alternating Intervals):** 날짜 교대제에서 교대 간격을 더 짧게 하는 방식이다. 특히 초등학생들에게는 교대 간격이 더 짧을 수 있다. 예를 들어, 집단 A는 오전에

대면 수업을 하고 오후에는 가정에서 학습하고, 집단 B는 오전에 가정에서 학습하고 오후에 대면 수업으로 운영된다.

- **공통 재택 학습 시간제(Common Home Time)**: 앞서 설명한 교대 간격제 중 하나를 따르면서도 모든 학생이 일주일에 하루 이상 모든 학생이 가정에서 학습하는 방식이다. 예를 들어, 집단 A는 월요일과 수요일에 학교에 오고, 집단 B는 그날 가정에서 학습한다. 화요일과 목요일에는 집단 B가 학교에 오고, 집단 A가 가정에서 학습한다. 그리고 금요일에는 모든 학생이 가정에서 학습한다. 물론, 모든 학생이 재택 학습을 하는 요일과 시간을 변형한 다른 모델도 가능하다.

또 다른 동기식 하이브리드 학습의 운영 방식은 학교와 가정 간의 이동이 거의 없거나 전혀 없는 형태이다. 즉, 학교에서 학습하는 학생은 계속 학교에서 학습하고, 집에서 학습하는 학생은 항상 또는 대부분 집에서 학습하는 방식이다. 이러한 방식은 학생 수가 적거나, 어떤 이유로 학교에 출석할 수 없는 학생들이 존재하는 경우에 흔히 적용된다.

이 장에서는 가정에서 학습하는 학생들이 수업에 동기식으로 참여해야 하는 상황에 대해 논의하려고 한다. 학생들은 Zoom, Teams, Meets 등 온라인 플랫폼을 통해 실시간으로 수업에 접속하여 교실에서 진행되는 학습 활동에 참여한다. 이 수업 모델은 이 책에서 다루는 수업 방식 중 가장 어려운 형태이다. 교사는 대면 수업에 참여한 학생들을 지도하는 동시에 온라인으로 참여하는 학생들도 신경 써야 하므로 상당한 부담을 느낄 수 있다. 그럼에도 불구하고, 이러한 환경에서도 생각하는 수업을 구현하는 것이 가능하다. 이를 위해서는 생각하는 수업을 위한 실천 사항 중 11가지 실천 사항을 적절히 조정해야 한다.

또한, 서론에서 설명한 것처럼 지식피드를 구축하고 활용해야 한다. 수업마다 고유한 지식피드를 생성해야 한다. 동기식 하이브리드 환경에서는 주로 가정에서 학습하는 학생들이 이 지식피드를 사용하게 된다. 그러나 교실에서 학습하는 학생들도 이 지식피드를 프로젝트 화면에 투사하여 볼 수 있도록 해야 한다. 또한, 교실에 있는 학생들도 링크에 접근할 수 있어야 하며, 집에서 학습하는 학생들과 동일한 방식으로 지식피드를 활용하고 기여할 수 있어야 한다.

생각하는 수업에서 협력적 소집단은 어떻게 구성해야 하는가?

실천 사항 2

생각하는 수업을 구현하기 위해서는 학생들에게 함께 생각할 협력자를 제공해야 한다. 이는 동기식 하이브리드 학습에서도 마찬가지다. 학생들을 어떻게 모둠으로 구성할지는 온라인으로 접속 가능한 학생 수에 따라 달라진다. 만약, 개인별 휴대용 기기(태블릿, 노트북, 휴대전화 등)를 통해 온라인으로 접속 가능한 학생이 한두 명뿐이라면, 무작위로 모둠을 구성할 때 서로 다른 모둠에 배정되어야 한다. 즉, 한 모둠에는 온라인으로 접속한 학생이 한 명을 초과하지 않도록 해야 한다. 각 모둠별로 온라인으로 접속 가능한 학생은 기기를 수령하고, 해당 기기를 자신의 활동 공간으로 가져와야 하며, 마치 자신이 실제로 교실에 있는 것처럼 모둠의 다른 구성원들과 상호작용해야 한다.

만약 온라인으로 접속하는 학생 수가 많다면, 각각의 환경에 맞게 무작위 모둠을 구성한다. 즉, 대면 수업을 듣는 학생들은 대면 수업 학생들끼리 모둠을 형성하고, 온라인으로 참여하는 학생들은 온라인 학생들끼리 모둠을 구성한다. 대면 수업 환경에서 이루어진 연구에 따르면, 이상적인 모둠의 크기는 3명(초등학교 저학년의 경우 2명)이며, 모둠 내 공유성(모둠 내 구성원들이 공유하는 요소)과 다양성(모둠의 각 구성원이 모둠에 제공하는 독특한 요소)을 적절하게 유지하는 데 도움이 된다. 또한, 각 모둠의 모든 모둠원이 적극적으로 참여하고 활동할 수 있도록 교사가 관리하는 데도 도움이 된다.

하지만, 모둠이 온라인으로 접속하는 경우, 교사가 대면 환경과 동일한 수준의 통제력을 가지기는 어렵다. 온라인으로 접속하는 학생 중에는 카메라나 마이크를 켜지 않는 학생이 있을 수 있으며, 기기와 관련된 기술적 문제가 발생할 수도 있고, 인터넷 연결이 끊길 수도 있다. 이러한 요인들은 모둠 내 다양성을 감소시키는 요소로 작용할 수 있다. 따라서 온라인 모둠에서도 충분한 다양성을 확보하기 위해, 처음에는 5명으로 구성된 모둠으로 운영하는 것이 좋다. 이후 여러 인터넷 장치를 활용할 수 있는 기술 숙련도가 향상되고 협업 능력이 향상됨에 따라(실천 사항 12 참조), 모둠의 크기를 다시 세 명으로 줄일 수 있다.

생각하는 수업에서 학생이 활동하는 공간은 어디이어야 하는가?

실천 사항 3 학생들이 모둠으로 활동할 때, 학생들은 모둠 내에서 공유한 생각을 표현할 수 있는 작업 공간이 필요하다. 생각하는 수업에서 그랬듯이 대면 모둠에서는 세로 활동판을 작업 공간으로 사용한다. 그러나 온라인 모둠의 경우에는 클라우드 기반 디지털 화이트보드를 사용한다. Zoom, Teams, Meet 등과 같은 협업 소프트웨어에는 일반적으로 디지털 화이트보드 기능이 내장되어 있다. 문제는 교사가 직접 모둠에 참여하지 않으면 이 기능을 볼 수 없다는 것이다. 이렇게 되면 교사는 각 모둠의 진행 상황을 신속하게 모니터링할 수 없다. 따라서, 협업 소프트웨어의 외부에서 사용할 수 있는 제3의 디지털 화이트보드를 사용하는 것이 좋다.

무료로 사용할 수 있는 여러 옵션이 있으며 쉽게 찾을 수 있다. 그중에서도 가장 효과적인 도구는 잼보드이다. 이는 다른 제품에서는 보장되지 않는다. 잼보드를 사용하면 마우스를 이용해 그림을 그리거나, 텍스트 상자와 스티커 메모를 추가하고, 이미지를 삽입하며, 필요할 때 내용을 지울 수도 있다. 또한, 학생들은 텍스트 상자, 스티커 메모, 이미지를 조작 도구로 활용할 수 있다. 끝으로, 잼보드는 모둠의 모든 성원이 동일한 표현 공간에서 동시에 작업할 수 있으며, 이는 세로 활동판 활동과 유사한 환경을

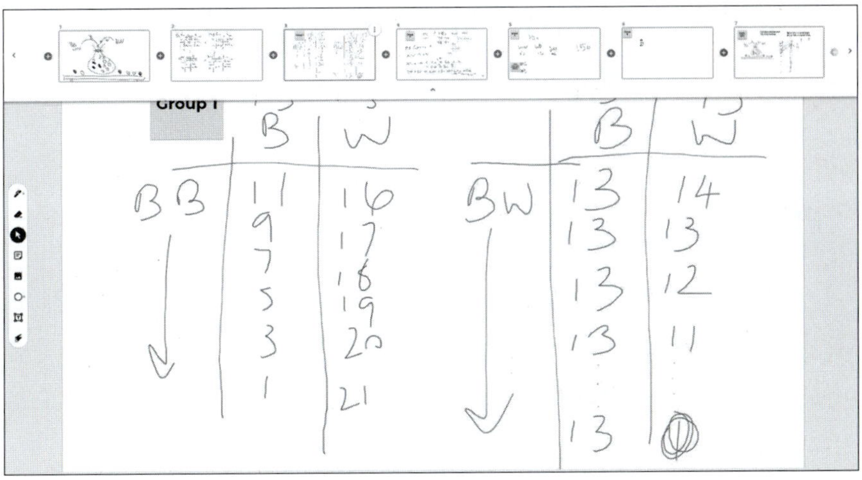

그림 7.1 여러 프레임으로 구성된 잼보드

제공한다. 또한, 활동 공간이 부족할 경우, 새 프레임을 추가하거나 다른 프레임으로 이동할 수 있다. 각 잼보드 링크에는 최대 20개의 프레임을 추가할 수 있다(그림 7.1 참고).

잼보드는 구글 제품이며, 다른 구글 제품과 마찬가지로 한 번에 최대 100명의 사용자가 볼 수 있도록 설계되었다. 그러나, 모든 사용자가 편집 권한을 갖고 있을 경우, 잼보드의 성능이 저하될 수 있다. 연구 결과, 편집자의 수를 15명 이하로 유지하면 플랫폼이 매우 안정적으로 작동하는 것으로 나타났다. 따라서, 온라인으로 접속하는 학생이 15명 이상인 경우에는 두 개 이상의 잼보드 링크를 개설해야 하며, 각 링크당 최대 15명의 학생만 작업할 수 있도록 설정해야 한다. 처음에는 5명씩 모둠을 구성하고 이후에 3명으로 모둠을 조정하여 운영한다.

일반적인 생각하는 수업에서 세로 활동판에서 활동할 때, 각 모둠당 하나의 마커만 사용할 수 있다는 제한이 있었다. 사회적 거리 두기가 적용된 교실(제1장 참고)에서도 모든 학생이 자신의 마커를 가질 수 있지만, 한 번에 화이트보드에 필기할 수 있는 학생은 한 명뿐이다. 이러한 제한은 학생 간의 협업을 강화하는 데 도움이 되는 것으로 입증되었다. 그러나 잼보드에서는 모든 학생이 동시에 필기할 수 있는 기능이 제공된다. 따라서, 이러한 환경에서는 적절한 협업 행동을 형성하는 데 특히 유의해야 한다(실천 사항 12 참고).

생각하는 수업에서 학생들의 질문에 어떻게 대답해야 하는가?

실천 사항 5

일반적인 생각하는 수업에서는 학생의 질문에 응답하거나 답하지 않는 방식으로 대응하면 된다(이전 책 참고). 하지만, 가정에서 학습하는 학생들은 지식피드에 질문을 게시하게 한다. 동기식 하이브리드 환경에서 이렇게 하면 학생의 질문과 교사의 응답이 모든 학생에게 공개되며, 학생들이 추가적인 정보와 자료에 자율적으로 접근할 수 있고, 지식의 이동(실천 사항 8 참조)에도 도움이 된다.

대면 교실 상황에서는 교사가 학생의 질문을 받고도 미소만 짓고 그냥 지나가 버린다면, 질문한 모둠은 주변의 다른 모둠에게 도움을 요청할 수 있다. 만약 학생들이 이러한 정보와 자료에 자율적으로 접근할 수 있다면, 질문의 수(어떤 유형이든)가 줄어들고, 질문에 대하여 정확하게 답변해야 할 필요성도 줄어든다. 그러나 가정에서 혼자 학습하는 학생들에게는 이러한 방식이 적용되지 않는다. 왜냐하면 그들이 접근할 수 있는 정보와 자료가 적기 때문이다. 따라서, 교사는 어떤 유형의 질문이 제기되고 있는지, 그리고 이에 어떻게 응답해야 하는지를 더욱 신중하게 고려해야 한다. 동기식 하이브리드 상황에서는 지식피드에 근접 질문이 존재하지 않는다. 다만, 생각을 중단하는 질문과 생각을 유지하는 질문이 존재할 수 있다. 따라서, 이 두 가지 유형의 질문을 구별할 수 있어야 한다. 만약 어떤 질문이 생각을 유지하는 질문인지 확신할 수 없다면, 생각을 유지하는 질문으로 간주하고 응답하는 것이 좋다. 질문에 응답하지 않기로 결정했다면, 학생들이 답을 찾을 수 있도록 지식피드에 힌트를 올려놓는다. 또한, 학생들이 답을 찾을 수 있도록 지식피드에 추가 정보를 제공하는 것도 고려할 수 있다.

생각하는 수업에서 학생의 자율성은 어떻게 촉진해야 하는가?

실천 사항 8

앞에서 설명한 대로 지식피드를 활용하면, 학생들이 가정에서 모둠으로 학습할 때 지식에 접근할 수 있도록 돕는 역할을 한다. 그러나, 생각하는 수학 수업에 관한 연구에서 살펴본 바와 같이, 단순히 지식을 제공하는 것만으로는 충분하지 않다. 학생들이 그 지식에 접근할 수 있도록 도와야 한다. 즉, 이전 책에서 논의된 바와 같이, 학생들에게 이것에 관해 이야기하는 것만으로는 충분하지 않다. 교사가 의도적으로 덜 도와줌으로써 학생들이 이를 활용하도록 해야 한다. 따라서 실천 사항 5에서 논의했듯이, 학생들의 질문에 직접 응답하기보다는 지식피드에서 원하는 정보를 찾게 하는 것이 더 효과적이다. 이렇게 하면, 학생의 행동에 대한 교사의 세심한 주의(실천 사항 12 참조)와 결합하여, 비동기식 가상 환경에서도 지식 이동이 증가될 것이다.

생각하는 수업에서 평가를 어떻게 할 것인가?

실천 사항 12

이 책에서 제시하고 있는 모든 학습 환경과 마찬가지로, 동기식 하이브리드 환경에서 생각하는 수학 수업이 구현되기 위해서는 학생들이 특별한 방식으로 행동해야 할 필요가 있다. 이러한 행동을 형성하는 가장 좋은 방법 중 하나는 우리가 가치 있게 여기는 것을 평가하는 것이다. 동기식 하이브리드 환경에서 교사가 중요하게 여겨야 할 가치는, 학생들이 가정에서 학습할 때 스스로 이용 가능한 학습 자원에 효과적으로 접근할 수 있는 기능을 개발하는 것이다.

학생들에게 이러한 기능이 중요하다는 것을 보여주기 위하여 지식피드에 질문을 게시하는 방법, 지식피드에서 힌트와 심화 과제를 찾는 방법, 지식피드에 결과물을 올리고 질문에 응답하는 방법, 유의미한 필기에 지식피드를 활용하는 방법에 대한 평가 기준을 학생들과 함께 공동으로 작성한다. 요컨대, 일반적인 생각하는 수업에서 그랬듯이, 변화를 주고 싶은 학생의 행동을 명확히 정의하고 이에 대한 평가 기준을 공동으로 개발하는 것이 중요하다.

생각하는 수업에서 가구는 어떻게 배치해야 하는가?

실천 사항 4

일반적인 생각하는 수업에서는 교실을 비정면화할 필요가 있다. 그러나 온라인으로 학습하는 학생들에게는 비정면화할 교실 자체가 존재하지 않는다. 하지만 교실을 비정면화하는 것은 단지 하나의 수단일 뿐이지, 그 목적은 학생들이 교실을 생각하기가 가능한 안전한 공간으로 인식하도록 적절한 혼돈을 유지하려는 것이다. 교실을 비정면화하는 것은 이러한 목적을 달성하는 한 가지 방법일 뿐이며, 적절한 혼돈 도입할 수 있는 다른 방법들도 있다. 가정에서 학습하는 학생들에게 가장 쉬운 방법은 지식피드를 혼란스럽게 유지하는 것이다. 즉, 지식피드에 게시되는 모든 정보를 주제별 또는 시간순으로 정리해야 한다는 강박관념을 가질 필요가 없다. 만약 힌트를 제공해야 한다면, 해당 힌트가 반드시 특정 과제 바로 뒤에 배치될 필요도 없다. 오히려, 의도적으로 논리적이고 시간순으로 정리된 흐름을 깨트리는 것이 좋다. 지식피드는 학생들의 산출물처럼 사고의 산물이다. 사고 과정은 본래 혼란스럽고 실수가 가득하다. Q&A 피드에서도 이러한 특성이 드러나도록 해야 한다.

생각하는 수업에서 과제는 언제, 어디서, 어떻게 제시해야 하는가?

실천 사항 6

동기식 하이브리드 수업에서 생각하는 수학 수업을 구현하기 위해서는, 여전히 수업 시작 첫 5분 동안 과제를 구두로 제시해야 한다. 동기식 하이브리드 상황에서 학생들이 교실에서 학습하는 경우에는 학생들이 교사 주변에 모여 있는 상태에서 과제를 제시할 수는 있다. 그리고 가정에서 학습하는 학생들도 교실에서 과제가 제시되는 과정을 볼 수 있어야 한다. 이를 가장 쉽게 구현하는 방법은 스마트폰(태블릿 또는 노트북도 가능)을 사용하여 Zoom, Teams, Meet 등과 같은 협업 플랫폼에 접속하는 것이다. 그 후, 교실에서 학습하는 학생 중 한 명이 스마트폰을 이용해 과제가 제시되는 과정을 협업 플랫폼으로 실시간 스트리밍하면 된다.

과제를 제시하고 모둠이 활동을 시작한 후에는 해당 과제를 간단한 텍스트 형태로 지식피드에 올린다. 즉, 구두 설명에는 스토리텔링, 이야기(서사), 또는 모델링과 같은 요소들이 포함될 수 있지만, 텍스트로 기록된 내용은 학생들이 해야 할 일을 간단하게 설명하는 형식으로 기록한다. 예를 들어, 이전 책 5장에서 소개했던 '포도주 저장고' 과제를 예로 들어보자. 구두로 과제를 전달할 때는 이 과제와 관련된 이야기를 들려줄 수 있다. 하지만, 지식피드에 게시하는 내용은 다음과 같이 간단한 질문 형태로 표현될 수 있다. "햇빛에 10번 이상 노출된 포도주를 마시지 않는다면, 포도주 가게에 얼마나 자주 가야 하는가?"

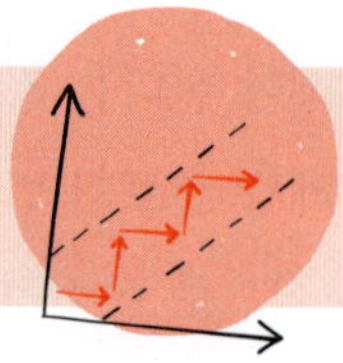

생각하는 수업에서 힌트와 심화 과제를 어떻게 활용할 것인가?

실천 사항 9 학생들이 동기식 하이브리드 환경에서 학습하더라도 몰입 상태를 계속 유지해야 한다. 일반적인 교실에서 학습하는 학생들의 경우에는 이전 책에서 설명된 방식대로 이를 수행할 수 있다. 또한, 일반적인 교실에서는 각 모둠의 활동이 한눈에 보이기 때문에, 교사는 진행 상황을 모니터링하고, 필요할 때 힌트나 심화 과제를 추가로 제공할 수 있다. 그러나, 가상 환경에서는 각 모둠의 진행 상황을 빠르게 파악하는 것이 어렵다. 따라서, 각 모둠은 스스로 지식을 이동할 수 있어야 하며, 몰입 상태를 유지할 수 있어야 한다. 이를 위해 학생들은 막혔을 때는 지식피드나 다른 잼보드에서 힌트를 찾아야 하고, 더 나아갈 준비가 되었을 때는 지식피드에서 다음 심화 과제를 찾아야 한다. 교사의 역할은 일련의 과제 배열을 만들어서 가장 빠르게 진행하는 모둠의 속도에 맞추어 이를 하나씩 지식피드에 추가하는 것이다. 그러나, 단순히 지식피드에 과제들의 목록을 게시하는 것이어서는 안 된다. 연구 결과에 따르면, 이는 협업을 깨뜨리는 '결승선을 향한 질주' 행동을 유발하는 것으로 나타났다.

생각하는 수업에서 수업을 어떻게 종합·정리할 것인가?

실천 사항 10 일반적인 생각하는 수업에서는 학생들이 제시된 과제를 하나씩 해결하는 동안 교사는 교실을 돌아다니며 아이디어를 학생들에게 제안하기도 하고, 이후의 종합 · 정리에 대비하여 학생들의 결과물을 선정하기도 한다. 동기식 하이브리드 환경에서도 여전히 이러한 작업이 필요하다. 종합 · 정리를 좀 더 쉽게 하려면, 교실의 세로 활동판에서 생성된 결과물을 중심으로 갤러리 워크를 진행하고, 교실에서 한 학생이 스마트폰을 이용하여 그 결과물을 실시간 스트리밍하도록 하여 가정에서 학습하는 학생들도 이를 볼 수 있도록 한다. 그리고 종합 · 정리가 완료된 후에는, 종합 · 정리 과정에서 교사가 방문했던 세로 활동판의 사진을 촬영하고 이 사진들을 종합 · 정리 과정에서의 순서대로 지식피드의 끝부분에 게시한다.

또 다른 방법은 학생들에게 지식피드를 따라가게 하는 가이드 투어 형태이다. 하지만, 일반적인 생각하는 수업과 마찬가지로, 모든 결과물을 단순히 보여주는 것이어서는 안된다. 또한, 결과물을 따라서 선형적으로 이동하는 것도 아니다. 즉, 학생들이 수업에서 경험했던 복잡함과 미묘함을 이해할 수 있도록 학생들의 결과물을 신중하게 선택하고 배열해야 한다. 만약 지식피드를 종합 · 정리의 원천으로 사용하려 한다면, 사전에 이미지를 추가하는 작업을 시작해야 한다. 이 이미지들은 잼보드의 스크린샷이 될 수도 있고, 세로 활동판의 사진이 될 수도 있다. 그러나, 이 이미지들을 논리적 또는 시간순으로 정리할 필요는 없다. 논리와 순서는 가이드 투어 과정에서 자연스럽게 형성될 것이다.

마지막으로, 세로 활동판, 잼보드, 그리고 지식피드의 결과물들을 결합하여 갤러리 워크의 자료로 활용할 수도 있다. 이 접근 방식이 쉽지는 않겠지만, 교실이나 가정 어디에서 만들어졌든지에 상관없이 모든 결과물이 가치가 있음을 보이는 의미 있는 방법이 될 수 있다. 만약 이 방법을 채택하고자 한다면, 갤러리 워크의 각 단계에서 생성된 이미지를 캡처한 다음, 이 사진들을 종합 · 정리 과정에서의 순서대로 지식피드의 끝부분에 게시하는 것을 추천한다.

생각하는 수업에서 어떻게 학생들이 필기를 하게 할 것인가?

실천 사항 11

종합 · 정리가 어떻게 진행되었던지와 상관없이, 학생들은 여전히 자신을 위해 유의미한 필기를 해야 한다. 동기식 하이브리드 수업의 경우, 종합 · 정리 과정에서 생성된 이미지가 지식피드에 보관되며, 이는 학생들이 의미 있는 필기를 하는 데 도움이 될 것이다.

사용자 키트

교실에서의 대면 학습과 가정에서의 동기식 학습이 교대로 이루어지는 학습 상황에서도 생각하는 수업을 위한 14가지 실천 사항은 여전히 유효하다. 일부는 그대로 실행하면 되지만, 몇몇 실천 사항은 조정이 필요하다. 또한, 이러한 실천 사항들을 구현하는 순서와 사용자 키트도 조정되어야 한다(그림 7.2 참조).

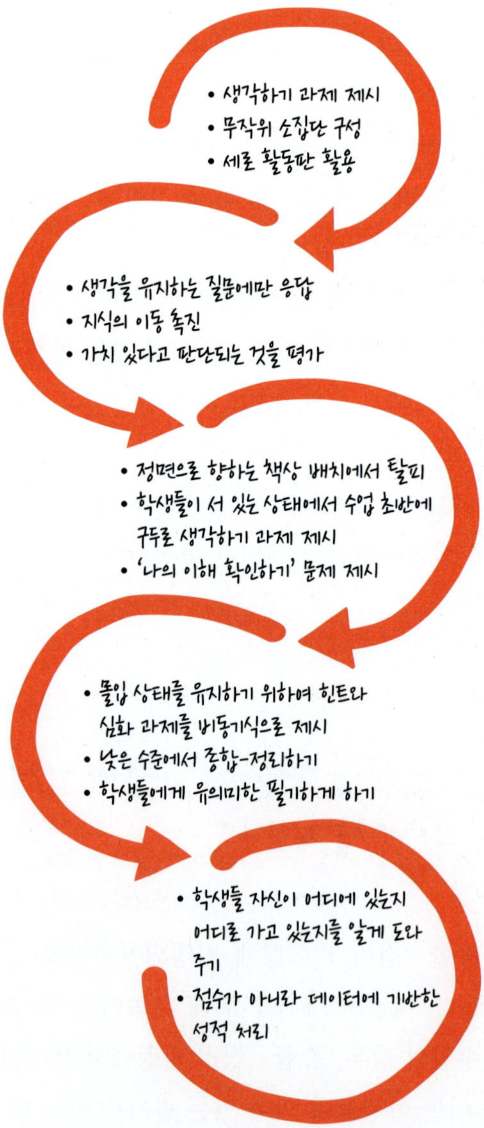

그림 7.2 동기식 하이브리드 학습 상황에서 생각하는 수업을 구현하기 위한 사용자 키트

범주 4

그 이외의 학습 환경

8

독립적 학습에서의 생각하는 수학 수업

학교 시스템에서 오랫동안 존재해 온 한 가지 학습 환경은 학생들이 독립적이고 자기 주도적인 학습자로서 학습에 참여하는 독립적 학습이다. 이러한 학습 방식이 기존의 원격 교육 모델을 따르는 경우, 학생과 교사와의 일대일 상호작용이 드물고 대부분 스스로 학습을 진행하게 된다. 이러한 상황에서는 생각하는 수업에서 논의된 것과 같은 실천 사항들을 적용할 여지가 거의 없다. 그러나 이와 달리, 같은 수업에 참여하고 있는 모든 학생(또는 서로 다른 수업에 참여하고 있는 학생)이 일종의 동기식 학습 환경에서 만나게 되는 경우(가상 학습 또는 대면 학습에서), 생각하는 수업에서 제시하는 실천 사항들이 유의미하게 적용될 수 있다. 이렇게 하기 위해서는 7개의 실천 사항이 특정 상황에 맞춰 조정될 필요가 있다. 모이는 학생들이 서로 다른 과정에서 학습하고 있거나, 동일한 과정 내에서도 학습 진행 단계가 다를 경우에도 이러한 실천 사항을 적용할 수 있다.

학생들을 주기적으로 모이게 하는 목적은, 주로 교사가 학습 진행 상황을 점검하고 학생들이 교사로부터 도움을 받을 수 있는 공간을 마련하는 데 있다. 수업 중 일정 부분은 이러한 점검 과정에 할애되어야 한다. 그러나 동기식 학습 환경에서 이루어지는 이러한 만남은 생각하기를 촉진하는 문화를 형성하는 데에도 사용되어야 한다. 만약 이러한 만남이 가상 환경에서 이루어진다면, 4장을 참고하기 바란다.

생각하는 수업에서는 어떤 과제를 사용하는가?

실천 사항 1

학생들이 생각하도록 하려면, 생각할 거리를 제공해야 한다. 이는 어떤 학습 환경에서든 마찬가지다. 다른 학습 환경과 마찬가지로, 이러한 문화를 구축하는 가장 효과적인 방법은 적극적인 참여를 유도할 수 있는 비교육과정 과제로 수업을 시작하는 것이다. 다른 학습 환경에서는 이러한 비교육과정 과제가 생각하기 과제로 전환되지만, 독립적인 자기 주도 학습자들에게 있어는 이러한 전환이 조금 다르게 이루어진다. 독립적인 학습 환경에서는 모든 활동이 비교육과정 과제를 해결하는 것으로 시작된다. 이후에 순차적으로 구성된 교육과정 과제를 수행하게 된다(실천 사항 9 참조).

생각하는 수업에서 협력적 소집단은 어떻게 구성해야 하는가?

실천 사항 2

비록 독립적인 학습자들이 서로 다른 주제, 다른 과정, 심지어는 다른 학년 수준에서 학습하고 있지만, 비교육과정 과제의 경우에는 대면 교실 환경에서와 마찬가지로 무작위로 구성된 모둠에 배정된다. 이러한 비교육과정 과제는 선수 지식의 차이가 크게 영향을 미치지 않기 때문에, 다양한 학습자들 사이에서 생각하는 문화와 학습 공동체를 형성하고 지속하는 데 도움이 된다.

그러나 순차적으로 진행되는 교육과정 과제의 경우에는 학생들이 자율적으로 선택한 친화 모둠(공통점을 가지 사람들로 구성된 모임)에서 학습해야 한다. 이러한 모둠은 사회적 관계로 구성될 수도 있고, 특정 교과목을 중심으로 구성될 수도 있다. 중요한 점은 학생들이 함께 학습할 친구를 스스로 선택한다는 것이다. 일부 학생들은 혼자 작업하는 것을 선택할 수도 있다. 시간이 지나면서 학생들은 무작위 모둠으로 비교육과정 과제를 학습하는 경험을 점점 더 많이 하게 되며, 이에 따라 학습자들 간의 공동체 의식이 더욱 강화될 것이다. 그리고 궁극적으로는 학생들이 서로를 학습의 자원으로 활용하여 개별화된 학습을 돕는 모습을 볼 수 있을 것이다.

우리는 이러한 현상을 여러 차례 목격해왔다. 서로 다른 교육과정 과제, 심지어 서로 다른 교과목이나 서로 다른 학년에서 학습하는 경우에도 협력하기 시작한다. 학생들이 서로 다른 주제를 학습하고 있음에도 불구하고, 교실 내에는 지식이 존재하며, 수업 초반에 무작위로 구성된 각 모둠은 이러한 지식의 이동을 촉진하는 데 도움을 준다. 이러한 협력은 교사가 의도적으로 도움을 덜 주는 방식으로 개입함으로써 더욱 촉진될 수 있다(실천 사항 8 참조).

생각하는 수업에서 학생이 활동하는 공간은 어디이어야 하는가?

실천 사항 3

무작위 모둠으로 비교육과정 과제를 해결할 때, 학생들은 세로 활동판에서 작업을 진행한다. 반면, 일련의 교육과정 과제의 경우는 학생들이 원하는 곳 즉, 책상이나 세로 활동판에서 자유롭게 활동할 수 있다. 그러나, 시간이 지나면서 많은 학생이 자연스럽게 세로 활동판으로 이동하게 된다. 교사가 질문하는 학생들 위주로 수업을 진행하면, 이러한 이동을 촉진할 수 있다. 본질적으로, 이러한 동기식 학습 세션은 학생들이 교사로부터 도움을 받을 수 있는 열린 상담 시간과 같은 역할을 한다. 따라서 학생들이 일련의 교육과정 과제를 해결하는 데 교사의 도움이 필요하거나 자기 주도적 학습에 대한 조언이 필요한 경우, 세로 활동판에서 교사와 만나도록 유도하는 것이 바람직하다. 이는 학생들이 협력 학습을 하든 개별 학습을 하든 간에, 생각하는 공간으로서 세로 활동판의 효과를 높이는 데 기여할 것이다.

생각하는 수업에서 학생의 자율성은 어떻게 촉진해야 하는가?

실천 사항 8

이러한 독립적인 학습자들의 모둠에서, 교사는 지식의 유일한 원천이 되는 것을 피해야 한다. 대신, 교사는 학습 공간 내에서 지식의 이동을 최대한 활성화하고 활용할 수 있도록 해야 한다. 이렇게 하기 위해서는 다른 생각하는 수업과 마찬가지로 학습 공간 내의 학생이나 모둠이 가지고 있는 지식을 탐색하고 접근할 수 있도록 자율성을 길러주어야 한다. 독립적인 자기 주도 학습자들로 구성된 생각하는 수업에서는, 그 학습 공간 내에서 존재하는 지식이 학생들에게 쉽게 보이지 않을 수 있다. 따라서 교사는 단순한 지식 제공자의 역할에서 벗어나 필요한 지식을 찾고자 하는 학생과 해당 지식을 보유한 학생을 연결하는 중개자의 역할을 수행해야 한다. 즉, 질문이 있는 학생에게 직접 답을 제공하는 대신, 해당 질문에 대한 답을 알고 있을 가능성이 큰 학생이나 모둠으로 안내한다. 특히, 만약 그 학생이나 모둠이 세로 활동판에서 작업하고 있다면, 이들은 더 접근하기 쉬울 것이다.

생각하는 수업에서 평가를 어떻게 할 것인가?

실천 사항 12

이 책에서 제시하고 있는 모든 학습 환경과 마찬가지로, 독립적 학습 환경에서 생각하는 수학 수업을 구현하기 위해서는 학생들이 특별한 방식으로 행동해야 할 필요가 있다. 이러한 행동을 형성하는 가장 좋은 방법 중 하나는 우리가 가치 있게 여기는 것을 평가하는 것이다. 독립적 학습 환경에서 가치 있게 여겨야 할 것은 학생들이 훌륭한 협업 기능을 개발하는 것이다. 학생들에게 이러한 기능이 중요하다는 것을 보이고 그것이 가치가 있음을 인식하게 하려면, 모둠의 훌륭한 구성원, 훌륭한 세로 활동판 예절, 훌륭한 협력자가 무엇을 의미하는지에 대한 평가 기준을 학생들과 함께 공동으로 개발한다.

학생들이 모둠으로 활동할 때, 학생들은 다른 모둠의 세로 활동판을 살펴보고 정보와 자료에 접근할 수 있어야 한다. 그리고 이러한 정보와 학습 자원에 대한 접근은 학생들이 순차적으로 배열된 교육과정 과제를 독립적으로 학습할 때까지 지속될 필요가 있다. 아이디어를 모으는 것이 무엇을 의미하는지, 혹은 막혔거나 과제를 마쳤을 때 무엇을 해야 하는지에 대한 평가 기준을 작성한다. 요컨대, 일반적인 생각하는 수업에서 그랬듯이, 변화를 주고 싶은 학생의 행동을 명확히 정의하고 이에 대한 평가 기준을 공동으로 개발하는 것이 중요하다.

생각하는 수업에서 힌트와 심화 과제를 어떻게 활용할 것인가?

실천 사항 9

학생들이 무작위로 구성된 모둠에서 비교육과정 과제를 수행하든, 스스로 선택한 모둠에서 교육과정 과제를 수행하든, 몰입 상태를 유지하는 것은 여전히 중요하다. 비교육과정 과제의 경우, 힌트와 심화 과제를 통해 모둠의 몰입 상태를 유지하는 과정은 대면 교실에서와 동일하다. 그러나 학생들이 개별적으로 교육과정 과제를 수행할 때는 몰입 상태를 유지하는 방식이 다르다. 10개의 모둠이 같은 순서로 배열된 과제를 수행하면서 몰입 상태를 유지하는 방식이 있을 수 있다. 또 다른 방식으로는 각 학생이 서로 다른 주제를 학습하는 상황에서 몰입 상태를 유지하는 것이다. 후자의 경우에는 학생들에게 힌트와 심화 과제를 관리하는 역할을 많이 맡길 필요가 있다. 각 모둠이 더 진행할 준비가 될 때마다 심화 과제가 제공되는 전통적인 생각하는 수업과 달리, 개별적인 학습 상황에서는 각 학생이 현재 학습하고 있는 주제와 관련된 일련의 교육과정 과제의 목록을 한 번에 제시해야 한다. 몰입 상태를 생성하고 유지하려면, 이 과제 목록이 이전 과제보다 점진적으로 더 어려운 과제의 순서로 배열되어야 한다. 또한, 학생들이 스스로 올바른 방향으로 가고 있는지 확인할 수 있도록 정답(해결 과정을 포함하지 않은)이 함께 제공되어야 한다. 이러한 과제 목록이 있으면, 학생들은 자신의 능력이 향상됨에 따라 과제의 난이도를 점진적으로 높일 수 있고, 교사는 학생들이 막혔을 때 힌트를 제공할 수 있으며, 교실 내에서 이미 존재하는 지식의 이동을 촉진할 수 있다.

학생들에게 순서가 정해진 과제 목록을 한 번에 제공하는 것이 대면으로 이루어지는 생각하는 수업에서는 문제가 될 수 있었다. 이렇게 하면, 학생들의 학습 방식이 생각하기로부터 단순히 과제를 빨리 끝내는 것으로 전환된다. 그러나 10명에서 30명의 독립적인 자기 주도 학습자가 여러 개의 서로 다른 주제를 학습하는 환경에서는 이러한 과제 목록을 제공하는 것이 불가피하다. 그렇지만, 학생들이 현재의 순간에 몰입하게 할 뿐만 아니라 단순히 과제를 끝내려고만 하는 잘못을 피하는 방법이 있다. 첫째, 과제 목록을 매우 길게 만든다. 긴 과제 목록은 학생들에게 부담스러울 수 있지만, 역설적으로 매우 긴 과제 목록은 오히려 덜 부담스럽게 느껴질 수 있다. 왜냐하면, 그것이 마치 불가능할 정도로 많은 과제처럼 보이기 때문이다. 또한, 학생들에게 과제 목록의 모든 과제를 반드시 끝낼 필요는 없으며, 중요한 것은 현재 수행하고 있는 과제를 통하여 개념을 이해하고 배우는 것이라는 점을 지속해서 강조해야 한다. 이러한 접근 방식은 끝없는 단계가 있는 퍼즐 게임이나 비디오 게임과 비슷할 수 있다. 한 단계를 완료하면 또 다른 단계가 나타나기 때문에, '완료'라는 개념이 사실상 존재하지 않는다. 둘째, 학생들과 공동으로 작성하는 평가 기준에 현재의 순간에 몰입해야 할 필요성을 포함한다(실천 사항 12 참조).

생각하는 수업에서 수업을 어떻게 종합 · 정리할 것인가?

실천 사항 10

모둠 활동에 대한 종합 · 정리 과정은 이전 책에서 설명된 것과 동일하다. 하지만, 학생들이 서로 다른 주제와 서로 다른 과제 목록을 학습하는 경우에는 학급 전체를 대상으로 종합 · 정리가 이루어질 수 없다. 교육과정의 내용이 너무 분산되어 있어서 전체적으로 통합하는 것이 어렵다. 따라서, 개별 학생 또는 특정 모둠을 대상으로 종합 · 정리를 진행해야 한다. 물론, 이 작업은 수업이 끝날 때 한 번만 이루어질 수 있는 것이 아니다. 이는 교실에서 학생들과 나누는 모든 상호작용에서 지속적이고 연속적으로 이루어져야 한다. 어떤 모둠에게 힌트를 제공과정에서 그들이 이미 완료한 이전 과제에서 나온 개념들을 종합 · 정리하는 기회로 활용할 수도 있다. 비슷한 과제를 수행한 학생들을 모아서 그들이 지금까지 배운 내용을 즉흥적으로 종합 · 정리하는 시간을 가질 수도 있다. 모든 학생에게 이 과정을 적용해야 한다고 부담을 느낄 필요는 없다. 독립적인 학습 환경에서는 일부 불가능한 것들도 있다.

사용자 키트

학생들이 독립적이고 자기 주도적인 학습자로서 학습에 참여하는 독립적 학습 상황에서도 생각하는 수업을 위한 14가지 실천 사항은 여전히 유효하다. 일부는 그대로 실행하면 되지만, 몇몇 실천 사항은 조정이 필요하다. 또한, 이러한 실천 사항들을 구현하는 순서와 사용자 키트도 조정되어야 한다(그림 8.1 참조).

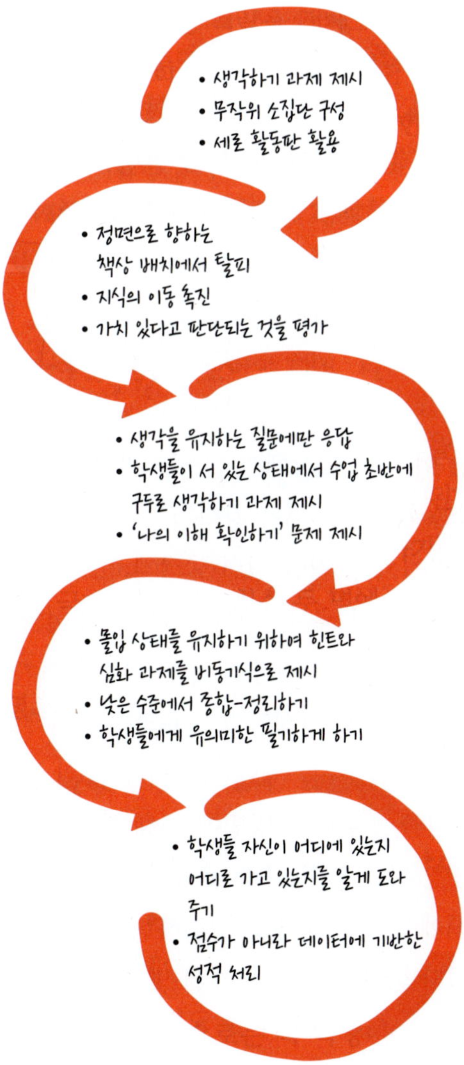

그림 8.1 독립된 학습 상황에서 생각하는 수업을 구현하기 위한 사용자 키트

9

홈스쿨링에서 생각하는 수학 수업

홈스쿨링이란 학교나 학원 수업을 받지 않고 집에서 부모님에게 교육받는 것을 의미하며, 우리말로 재택학습이라고 한다(역자 주). 홈스쿨링은 지난 10년 동안 점점 더 인기를 얻고 있으며, 여러 가지 형태로 변형할 수 있다. 그중 대표적인 형태는, 학생이 가정에서 학습하면서 원격으로 제공되는 형태의 수업 시스템에 등록하는 형태이다. 이 책에서는 이미 이러한 유형의 수업 시스템들을 살펴보았다(4장, 5장, 8장 참조). 홈스쿨링 환경에서는 학습자 혼자서 학습하는 과정에 부모, 보호자 또는 개인 교사가 도움을 줄 수도 있다. 이러한 도움은 대개 일대일 개인 교습(one-on-one tutoring)으로 이루어지며, 이 책의 12장에서 설명된 바와 같이 생각하는 수업에서 적용한 실천 사항을 활용하여 더욱 강화될 수 있다.

또 다른 형태의 홈스쿨링에서는, 학습 경험을 설계하고 제공하는 역할을 담당하는 부모, 보호자 또는 개인 교사의 관리 아래 학습이 진행된다. 일부 경우에는 이러한 학습을 관리하기 위한 교육과정이 명확하게 설정되어 있지만, 또 다른 경우에는 학습자가 자신만의 교육과정을 자유롭게 구성할 수도 있다. 이 장에서는 외부 수업 시스템에 등록하지 않은 일대일 홈스쿨링 환경에서 생각하는 수업을 구현하는 방법에 대해 논의하고자 한다. 이를 위하여 생각하는 수업을 위한 실천 사항 중 8가지에 대해서 수정이 필요하며, 나머지는 이전 책에서 설명된 대로 실행하면 된다. 만약 가정에서 한 명 이상의 학습자가 있다면, 11장에서 소개된 몇 가지 아이디어가 유용할 수 있다.

생각하는 수업에서 협력적 소집단은 어떻게 구성해야 하는가?

실천 사항 2

홈스쿨링 환경 내에서 생각하는 수업을 구현하고자 한다면, 가장 중요한 것은 교사가 학습자와 협력적인 관계를 형성하는 것이다. 하지만, 이 과정은 쉽지 않을 수 있다. 왜냐하면, 교사이면서 동시에 공동 학습자의 역할을 수행해야 하기 때문이다. 이를 더 쉽게 만들기 위한 한 가지 방법은 학습 초기부터 역할을 분명히 하는 것이다. 즉, 생각하는 과제를 수행할 때는 학생들과 함께 생각하고 고민하는 학습자이자 협력자로서의 역할을 수행하지만, 평가와 같은 다른 활동을 할 때는 교사의 역할을 수행하는 것이다.

생각하는 수업에서는 어떤 과제를 사용하는가?

실천 사항 1

홈스쿨링 환경에서 사용하는 과제는 일반적인 생각하는 수업에서 사용되는 것과 동일하다(이전 책 참조). 생각하는 문화를 조성하기 위해 먼저 비교육과정 과제로 시작한다. 그리고 이 학습 환경에서는 협력적인 관계를 구축하는 것이 중요하다. 모두 준비되었다고 판단될 때, 교육과정 과제로 전환하면 된다.

교사가 이러한 과제를 직접 만들었다 하더라도, 그 사실을 드러내지 않는 것이 중요하다. 과제가 외부 출처에서 온 것처럼 가장하고, 항상 답을 알고 있는 것은 아닌 것처럼 행동한다. 이렇게 하면 생각하는 과제로 수업을 진행할 때 교사보다는 협력자로서의 역할을 확립하고 유지하기가 더 쉬워진다. 만약 학습자가 여러분을 과제의 출처로 인식하게 되면, 그들은 계속해서 여러분을 교사의 역할로 되돌리려고 할 것이다.

생각하는 수업에서 과제는 언제, 어디서, 어떻게 제시해야 하는가?

실천 사항 6

일반적인 생각하는 교실과 마찬가지로, 학생들이 세로 활동판 앞에 서 있는 상태에서 수업 초반에 구두로 과제를 제시한다. 하지만 과제의 출처가 어디든 간에 교사가 만든 것이 아니라 외부에서 온 것처럼 보이도록 해야 한다. 예를 들어, 다음과 같이 말할 수 있다. "자, 이건 트위터에서 본 문제인데, 1부터 12까지 번호가 적혀있는 봉투 12개가 있어……" 물론, 이것은 기존 책 6장에서 소개한 세금 징수원 과제에 해당한다. 교육과정 과제로 넘어갈 때는 다음과 같이 말할 수 있다. "자, 이것들은 홈스쿨링 웹사이트에서 찾은 문제들이야"

생각하는 수업에서 가구는 어떻게 배치해야 하는가?

실천 사항 4

학습자가 단 한 명뿐이고, 교사가 협력자 역할을 하며, 교실 자체가 존재하지 않는다면, 교실의 비정면화는 의미가 없다. 하지만 교실을 비정면화하는 것은 단지 하나의 수단일 뿐이지, 그 목적은 학생들이 교실을 생각하기가 가능한 안전한 공간으로 인식하도록 적절한 혼돈을 유지하려는 것이다. 교실을 비정면화하는 것은 이러한 목적을 달성하는 한 가지 방법에 불과하다. 적절한 혼돈을 도입할 수 있는 다른 방법들도 있다. 예를 들어, 세로 활동판은 너무 질서정연하게 유지하려고 하지 말아야 한다. 학습자가 세로 활동판을 자유롭게 탐색하도록 허용해야 하며, 교사가 마커를 들고 있을 때는 의도적으로 너무 정리 · 정돈된 방식으로 기록하지 않는 것이 좋다. 생각하는 과정은 본래 복잡하고 혼란스러우며, 생각하기의 결과물도 마찬가지다.

생각하는 수업에서 학생들의 질문에 어떻게 대답해야 하는가?

실천 사항 5

홈스쿨링 환경에서 교사는 학습자이면서 동시에 교사의 역할을 수행해야 한다. 따라서 이 두 가지 역할을 오가면서 실수로 교사처럼 행동할 가능성이 크다. 원래 공동 학습자로 행동해야 하는 순간에도 교사처럼 행동할 수 있다. 마찬가지로, 학습자는 여러분의 역할을 다시 교사로 재조정하려고 할 것이다. 이러한 상황이 흔히 발생하는 사례는, 교사가 학습자와 함께 생각하는 활동을 수행하는 도중에 학습자가 교사를 향해 마치 교사에게 묻듯이 질문을 하는 경우다. 이러한 질문은 중단하는 질문일 수도 있고, 생각을 유지하는 질문일 수도 있다. 어떤 유형의 질문이든, 중요한 것은 여러분이 교사가 아닌 모둠의 구성원으로서 반응하는 것이다. 예를 들어, 학습자가 "이게 맞나요?"라고 묻는다면, "모르겠는데. 그것이 맞는지 확인할 방법이 있을까?"라고 대답한다. 또는 학습자가 "다음에 뭘 해야 하나요?"라고 묻는다면, "잘 모르겠는데. 우리가 함께 확인해서 다음 질문이 무엇인지 볼까?"라고 응답한다. 여기서 중요한 점은 '우리'라는 단어의 사용이다. 이 단어를 사용함으로써, 교사의 응답 속에 들어 있는 '교사'로서의 권위가 '협력자'로 바뀌게 된다.

생각하는 수업에서 학생의 자율성은 어떻게 촉진해야 하는가?

실천 사항 8

교사가 협력자의 역할을 수행하면, 결과적으로 그 모둠이 막혔을 때 참고할 수 있는 지식의 출처가 더 이상 존재하지 않게 된다. 다른 모둠의 결과물을 참고할 수도 없고, 질문할 교사도 없다. 이를 보완하기 위해서는 즉각적으로 활용할 수 있는 참고 자료 목록을 구축해야 한다. 이 자료는 Photomath, Wolfram Alpha®, 그리고 기타 여러 앱과 웹사이트처럼 정답을 찾을 수 있는 다양한 도구가 해당될 수 있다. 그러나 생각하는 교실에서와 마찬가지로, 자료에 접근할 수 있다는 것과 실제로 접근하는 것은 다르다. 따라서 학습자가 필요할 때 적절한 자료를 찾아볼 수 있는 자율성을 키울 수 있도록 학습자와 함께 활동해야 한다. 공동 학습자로서 교사는 자연스럽게 다음과 같은 제안을 할 수 있다. “우리 Photomath에서 답을 확인해 볼까?”

생각하는 수업에서 수업을 어떻게 종합·정리할 것인가?

실천 사항 10

공동 학습자의 입장에서 활동하는 경우, 교사가 직접 종합 · 정리를 주도하는 것은 불가능하다. 그러나 교사가 학생들에게 종합 · 정리하도록 요청하는 것은 가능하다. 예를 들어, “좋아요. 한 번 더 설명해 주세요. 이 문제는 우리가 풀었던 다른 문제들과 어떻게 다른가요?”라고 말할 수 있다. 또한, 종합 · 정리 활동을 되돌아보는 반성의 기회로 만들 수도 있다. “자, 오늘 무엇을 배웠나요?” 어떤 방식이든 종합 · 정리 과정이 시작되면, 거기에 추가할 수도 있다. “맞아요. 그리고 우리가 답이 1보다 큰 경우를 다루었고, 고쳐 묶기를 해야 했던 경우도 있었어요.” 필요하면 수정할 수도 있다. “잠깐만요. 우리가 정수 부분을 먼저 더한 다음 분수 부분을 더하는 것이 더 효율적이라고 결정하지 않았나요?”

이러한 반성은 내용보다는 과정에 초점을 맞출 수도 있다. 예를 들어, 문제해결 전략에 대하여 관심을 유도하기 위하여 이렇게 말할 수 있다. “방금 사용한 전략이 꽤 괜찮았어요. 다음에도 기억해 두면 좋겠네요. 이 전략을 뭐라고 부르면 좋을까요?” 또는, 집단적 자율성에 관심을 갖게 할 수도 있다. “답을 확인하는 방법 중에서 어떤 것이 가장 마음에 들었나요?”

생각하는 수업에서 평가를 어떻게 할 것인가?

실천 사항 12 교사가 가치 있게 여기는 것을 평가하는 것은 홈스쿨링 환경에서도 여전히 중요하다. 그러나, 과제를 수행하는 동안 교사가 협력자의 역할을 맡게 되므로, 이전 책 12장에서 논의된 행동들을 평가할 수는 없다. 그렇긴 하지만, 학습자가 '나의 이해 확인하기'를 얼마나 잘 수행하는지, 유의미한 필기를 하는지에 대해 학습자와 함께 평가 기준을 공동으로 구성할 수 있다. 이 두 가지 실천 사항은 여러분이 교사의 역할을 수행하는 경우에 해당한다.

사용자 키트

홈스쿨링 환경에서 생각하는 수학 수업을 하려면 교사의 역할을 이분화해야 한다. '나의 이해 확인하기' 질문, 유의미한 필기, 여러 형태의 평가와 같은 활동을 수행할 때는 교사의 역할을 맡아야 한다. 하지만, 생각하기 과제를 종합 · 정리할 때는 공동 학습자의 역할을 해야 한다. 이를 위해서는 이러한 실천 사항들을 실행하는 방식과 순서를 조정해야 한다(그림 9.1 참조).

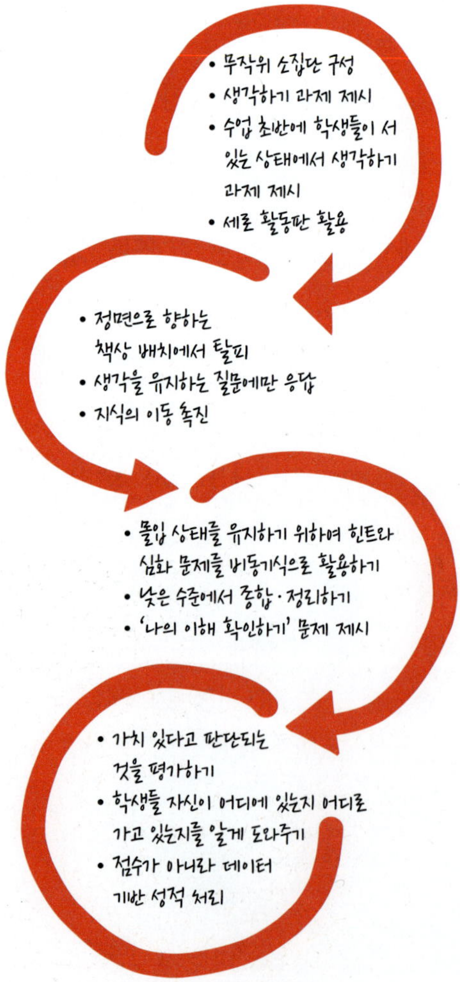

그림 9.1 홈스쿨링 환경에서 생각하는 수업을 구현하기 위한 사용자 키트

범주 5

미완성 학습자 도와주기

10

생각하는 수업에서 선수 학습이 부족한 학생 도와주기

생각하는 교실이든 그렇지 않든 우리 교실에는 항상 학습이 완성되지 않은 학생들이 있어왔으며, 그들을 돕는 것은 항상 중요한 과제이다. 학생들이 학기 초에 학력 격차가 있는 상태로 학교에 오든, 해당 수업에서 배운 내용을 완전히 내면화하는 데 있어서 어려움을 겪든, 이들은 학습의 빈틈을 채워주고 개념을 충실히 이해하는 데 교사의 도움이 필요한 학생들이다. 이 장에서는 이전에 다뤘던 개념에 대한 학습이 완성되지 않은 학생들에게 어떻게 도움을 줄 수 있는지에 대해 살펴볼 것이다. 이러한 미완성 학습(unfinished learning)은 현재 학년에서 비롯될 수도 있고, 이전 학년에서 비롯될 수도 있다.

우리의 연구에 따르면, 생각하는 수업을 실행하면 여러 가지 방식으로 이러한 문제를 해결하는 데 도움이 되는 것으로 나타났다. 첫째, 생각하는 수업의 협력적인 특성은 교실을 다양한 학습 자원으로 채워 개별 학생의 미완성 학습을 보완하는 데 도움을 준다. 이를 통해 학생들은 새로운 학습을 지속하면서도, 동시에 미완성된 학습을 보충할 추가적인 시간을 확보할 수 있다. 이러한 보충 과정은 생각하는 수업 전반에 걸쳐 이루어지는 학생들 간의 논의를 통해 더욱 촉진된다. 즉, 생각하는 수업은 학생들에게 시간, 학습 자원, 반복적인 학습 기회, 그리고 논의할 친구를 제공하여 그들의 학습을 완성하는 데 중요한 역할을 한다.

그러나 이것만으로는 모든 문제를 해결해 주지 않는다. 교사로서 여러분은 여전히 개입해야 하며, 학생들이 학습을 완성할 수 있도록 학습 과정을 조정하고 촉진하는 역할을 해야 할 것이다. 그리고 미완성 학습의 경우, 학생마다 학력의 격차가 다르므로 각각의 학생들에게 맞는 개별화된 지원이 필요할 것이다. 이 장에서는 생각하는 교실을 위한 실천 사항 중, 소수의 학생에게 개별화된 지원을 제공하는 데 도움이 되는 6가지 실천 사항을 실제 수업이 진행되는 순서대로 살펴볼 것이다. 하지만, 이 실천 사항들이 현재 환경에서 효과적인 도구가 되려면 약간의 조정이 필요할 것이다. 물론, 이 실천 사항은 이전 책에서 제시한 생각하는 수업에 적용되는 맥락을 전제로 하고 있다. 즉, 다음 보완된 실천 사항들은 전체 학급을 위하여 수정한 것이 아니라, 특정 학생들의 미완성 학습을 보완하는 데 초점을 맞춰 수정한 것이다.

생각하는 수업에서 협력적 소집단은 어떻게 구성해야 하는가?

실천 사항 2

미완성 학습 환경에서 이루어지는 모둠 활동의 중요한 차이점은 이것이 실제로는 협력 모둠이 아니라는 것이다. 즉, 여러 개별 학생들이 각자의 개인적 필요에 따라 교사와 함께 활동하는 방식이다. 교사로서 먼저 해야 할 일은 이 학생 중 일부를 한 공간에 모아서 활동하도록 하는 것이다. 이때, 나머지 학생들은 유의미한 필기를 하거나 '나의 이해 확인하기'를 수행하도록 한다. 단독 학습도 가능하지만, 학생의 심리적 안정을 위해 한 명보다는 두 명 이상이 함께 학습하는 것이 바람직하다. 각 학생에게는 개별화된 지원이 필요하므로, 처음에는 두 명의 학생과 함께 시작할 것을 권장한다. 두 명의 미완성 학습을 동시에 촉진하는 것에 익숙해지면, 세 번째 학생을 추가할 수 있다. 그리고 이후 네 번째 학생까지 추가할 수 있다. 그러나, 네 명을 초과하는 경우 효과적으로 작동하는 사례를 보지 못했다.

생각하는 수업에서 학생이 활동하는 공간은 어디이어야 하는가?

실천 사항 3

학생들을 한 공간에 모은 후에는 활동할 공간을 제공해야 한다. 이상적으로는, 각 학생이 세로 활동판에서 개인별로 활동하게 하는 것이 좋다. 이렇게 하면, 각 학생이 얼마나 진도를 나가고 있는지 쉽게 확인할 수 있다. 그러나 학생들은 다른 친구들이 지켜보는 세로 활동판에서 미완성 학습을 진행하는 것에 대해 부담을 느낄 수 있다. 이에 대한 최적의 대안은 개인용 화이트보드 등과 같은 가로 활동판을 활용하는 것이다. 교사의 책상 옆에 앉아 개인용 화이트보드를 사용하여 활동하게 하면, 교사는 학생들의 진행 상황을 쉽게 모니터링할 수 있다. 이와 동시에 그들의 미완성 학습이 다른 학생들의 주목을 받지 않도록 할 수도 있다.

생각하는 수업에서 과제는 언제, 어디서, 어떻게 제시해야 하는가?

실천 사항 6

학생들이 개별적으로 활동하고 있더라도, 과제를 구두로 전달하고 과제에 대해서 바로 생각하도록 유도하는 것이 중요하다. 즉, 특정 학생에게 설명해야 할 내용이 있다면, 핵심만 간결하게 전달하여 바로 활동을 시작할 수 있도록 해야 한다. 이는 특히 각 학생에게 서로 다른 지시사항을 제공해야 하는 경우 더욱 중요하다. 추가로 공유할 내용이 있다면, 힌트 및 심화 과제(실천 사항 9) 또는 종합 · 정리 과정(실천 사항 10)에서 실시한다.

생각하는 수업에서 힌트와 심화 과제를 어떻게 활용할 것인가?

실천 사항 9

학생들을 한 공간에 모은 후, 학생들이 어려움을 겪고 있는 개념에 대한 과제들을 얇게 잘라 학생들에게 각각 제시해야 한다. 예를 들어, 어떤 학생은 분수 덧셈을 다루는 연속된 과제 배열을 수행하는 반면에, 다른 학생은 소수 곱셈을 다루는 과제 배열을 수행할 수 있다. 어떤 개념을 학습하든지 각 학생에게 자신의 학습 진도에 맞는 첫 번째 과제를 제공하고, 그 다음에는 개별화된 힌트와 심화 과제를 제공한다. 만약 학생이 다음 단계에 도전할 만큼 능력이 향상되었다면, 과제의 난이도를 높인다. 그렇지 않다면, 방금 완료한 과제와 유사한 같은 수준의 과제를 추가로 제공한다. 이러한 접근 방식은 학생들의 참여, 생각하기, 학습을 극대화하는 데 필요한 힌트와 심화 과제를 더욱 명료하게 조정하는 데 도움이 된다.

생각하는 수업에서 학생들의 질문에 어떻게 대답해야 하는가?

실천 사항 5

미완성 학습 환경에서는 학습을 적극적으로 지원하고 촉진하는 것이 핵심이다. 과제, 힌트, 심화 과제뿐만 아니라 종합 · 정리 과정도 개별화해야 하기 때문에, 교사는 학생들의 모든 질문에 대해 응답을 해야 한다고 생각할 수도 있다. 하지만, 사실은 그렇지 않다. 생각하기는 학습의 필수적인 전제 조건이며, 우리의 목표는 학생들이 계속해서 생각하도록 유도하는 것이다. 학생들이 생각을 유지하는 질문에는 모두 응답해야 한다. 그러나 학생들이 생각을 중단하는 질문을 하면, 다시 생각하는 역할로 돌아가도록 유도한다. 예를 들어, 다음과 같은 질문을 던질 수 있다.

- 너는 어떻게 생각하니?
- 다른 가능성은 어떤 것들이 있을까?
- 왜 이 방법이 효과적이지 않았다고 생각하니?

또한, 아래와 같은 포용적인 언어를 사용하여 학생들이 생산적인 고민을 하도록 유도한다.

- 우리가 이걸 확인할 방법이 있을까?
- 이걸 시도해 보고 결과를 확인해 보자.
- 좋아, 어디에서 잘못된 것 같니?

이와 더불어, 학생들의 좌절감을 면밀히 모니터링해야 한다. 만약 좌절감이 높아지는 것이 보이면, 과제의 난이도를 조정하여 부담을 줄여서 학생들이 다시 몰입 상태로 돌아갈 수 있도록 한다.

생각하는 수업에서 수업을 어떻게 종합 · 정리할 것인가?

실천 사항 10

일반적인 생각하는 수업에서는 종합 · 정리가 수업의 끝부분에서 이루어지는 반면, 미완성 학습 환경에서는 개별 학생과 종합 · 정리가 연속해서 이루어져야 한다. 학생들이 과제를 수행하는 속도, 그리고 다른 학생들과 비교했을 때 과제를 완료하는 시간에 따라, 종합 · 정리는 각 과제를 완료한 후에 이루어질 수도 있고, 여러 개의 과제를 완료한 후에 진행될 수도 있다. 여러분이 한 학생과 특정 과제(또는 여러 과제)를 종합 · 정리하는 동안, 과제를 끝낸 다른 학생들에게는 심화 과제를 제공해야 한다. 특정 학생과의 종합 · 정리 시간이 다른 학생들에게 어느 정도 지루하겠지만, 매우 집중되고 차분한 환경에서는 효과적으로 작동하는 것으로 나타났다.

사용자 키트

미완성된 학습 상태에 있는 학생들을 돕는 학습 상황은 일반적인 생각하는 수업과는 다르다. 즉, 미완성 학습 상황에서는 학생들이 이용할 수 있는 학습 자원과 접근 가능한 자료가 오직 교사 한 명으로 제한된다. 또한, 이 특별한 공간에서 교사가 제공하는 학습 자원은 학생들에게 필요한 스케폴딩(scaffolding)과 도움을 제공하기도 하지만, 그들의 생각하기를 저해할 수도 있다. 따라서 이 장에서 언급한 6가지 실천 사항들은 적절하게 적용해야 하며, 동시에 학생들에게 필요한 도움을 제공하되 생각하는 수업이 유지되어야 한다(그림 10.1 참고).

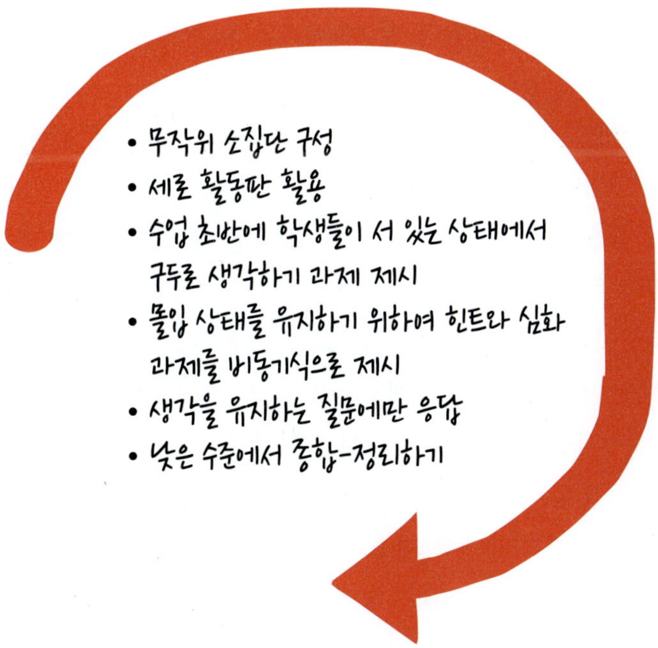

그림 10.1 생각하는 수업에서 선수 학습이 부족한 학생을 도와주기 위한 사용자 키트

11

생각하는 수업에서 현행 학습이 부족한 학생 도와주기

생각하는 수업에서 가끔 한 모둠의 모둠원이 다른 구성원들보다 뒤처지기 시작하는 경우가 있다. 우리의 연구에 따르면, 운영이 잘 되는 생각하는 교실에서는 이러한 상황이 발생하더라도 모둠 내에서 자연스럽게 균형을 되찾는 경향이 있다. 즉, 모둠의 모둠원이 서로를 격려하고, 질문에 응답하고, 마커를 교대로 사용하고, 새로운 과제로 넘어가기 전에 모든 학생이 개념을 이해했는지 확인한다. 이러한 것들은 교실 내에서 모둠 간 또는 모둠 내의 학습 자원과 결합하여 모둠 내에서 뒤처지는 학생 수를 최소화하는 데 도움을 준다. 그러나, 생각하는 수업이 아무리 잘 운영되더라도 뒤처지는 학생이 있으며, 이 경우에는 교사의 개입이 필요하다. 이전 책에서는 이에 대한 몇 가지 전략을 제시하고 있다. 가령, 마커를 뒤처진 학생에게 넘기기, 마커를 가진 사람은 자신의 아이디어를 직접 적지 않기와 같은 규칙 등이다. 또한, 교사는 각 모둠에 개입하여 모둠별로 미니 종합 · 정리를 진행하여, 현재 과제에서 제공되는 학습 내용을 보다 효과적으로 내재화할 수 있도록 도울 수도 있다. 대체로 이러한 모둠별 전략은 학생 대부분에게 효과가 있다. 그러나 때로는 효과가 없을 수도 있으며, 그런 경우 학생은 계속 뒤처지고 모둠 활동 중 제공되는 학습 내용을 완전히 내재화하지 못할 수도 있다. 또는, 대부분의 모둠이 전체적으로 잘 운영되고 있지만, 특정 모둠이 기대만큼 얇게 자르기 한 과제들을 충분히 수행하지 못하는 경우도 있다.

어떤 경우든, 일부 학생들이 미완성 학습으로 남아 있을 수 있다. 이 장에서는 현재 수업에서 다룬 개념을 학생들이 완전히 학습할 수 있도록 돕는 방법을 소개하려고 한다. 여기서 소개하고 하는 내용은 10장에서 논의된 내용과는 다르다. 10장에서는 이전에 배웠던 개념에서 비롯된 미완성 학습에 대해 논의하였다. 학습 격차는 이전 학년뿐만 아니라 현재 학년에서 다룬 다양한 개념에 걸쳐서 광범위하게 나타나기 때문에, 10장에서 설명한 개입 전략은 각 학생의 필요에 맞게 개별화될 필요가 있다. 반면, 이 장에서 논의하는 미완성 학습은 현재 수업에서 다룬 개념과 관련된 것이다. 따라서, 학생들 간의 학습 격차 범위가 훨씬 좁아지므로 이를 모둠별로 개입하여 해결할 수 있다.

이와 관련해서는 7가지 실천 사항이 있으며, 수업 과정에서 발생하는 순서대로 살펴볼 것이다. 10장과 마찬가지로, 이 논의는 이전 책에서 설명한 '생각하는 수업'에 적용되는 맥락을 전제로 하고 있다. 따라서, 다음 보완된 실천 사항들은 전체 학급을 위하여 수정한 것이 아니라, 특정 학생들의 미완성 학습을 보완하는 데 초점을 맞춰 수정한 것이다.

생각하는 수업에서 협력적 소집단은 어떻게 구성해야 하는가?

실천 사항 2

교사의 개입은 일부 학생들을 한 공간에 모아 함께 활동하도록 하는 것으로 시작된다. 이때, 나머지 학생들은 유의미한 필기를 하거나 '나의 이해 확인하기'를 수행하도록 한다. 모둠 활동의 효과를 극대화하려면, 최소 두 명에서 최대 여섯 명으로 모둠을 구성해야 한다. 교사가 지원해야 할 범위가 비교적 좁기 때문에, 두 명 또는 가급적 세 명으로 모둠을 구성하는 것이 좋다.

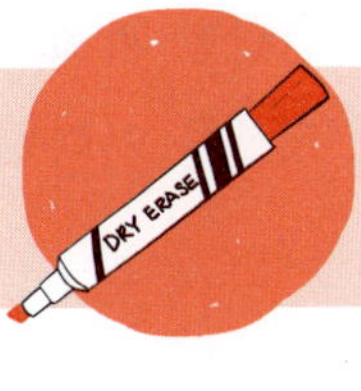

생각하는 수업에서 학생이 활동하는 공간은 어디이어야 하는가?

실천 사항 3

이상적으로는 각 학생이 세로 활동판에서 개인별로 활동하게 하는 것이 좋다. 그러나 학생들이 다른 친구들이 지켜보는 세로 활동판에서 미완성 학습을 진행하는 것에 대해 부담을 느낄 수 있으므로, 개인용 화이트보드 등과 같은 가로 활동판을 책상 위에 놓고 활동하게 할 수 있다. 세로 활동판을 사용할 경우에는 모든 학생이 같은 방향에서 보드를 볼 수 있도록 앉아야 하며, 거꾸로 보는 학생이 없어야 한다.

생각하는 수업에서 과제는 언제, 어디서, 어떻게 제시해야 하는가?

실천 사항 6

가능하면 과제는 구두로 전달하는 것이 좋다. 수업의 처음 5분 동안은 각 모둠이 세로 활동판 또는 가로 활동판 주변에 서 있거나 앉아 있는 상태에서 과제를 구두로 제시한다. 학생들이 첫 번째 과제를 시작하기 전에 설명해야 할 것이 있다면, 핵심만 간결하게 전달하여 바로 활동을 시작할 수 있도록 해야 한다. 추가로 공유할 내용이 있다면, 힌트 및 심화 과제(실천 사항 9) 또는 종합 · 정리 과정(실천 사항 10)에서 실시한다.

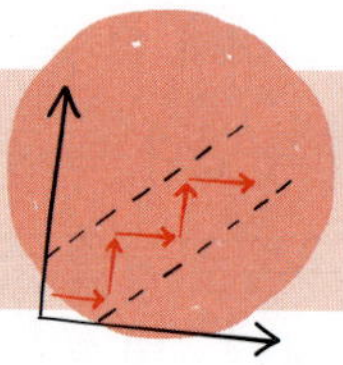

생각하는 수업에서 힌트와 심화 과제를 어떻게 활용할 것인가?

실천 사항 9

각 모둠은 그들의 미완성 학습과 관련된 개념을 중심으로 구성된 일련의 순서화된 과제들을 수행하게 된다. 이 과정에서 중요한 점은 학생들이 쉽게 접근할 수 있는 간단한 과제로부터 시작하는 것이다. 예를 들어, 학생들이 이분모 분수의 덧셈을 어려워한다면, 다음과 같이 동분모 분수의 덧셈 문제로 시작한다.

$$\frac{3}{7}+\frac{2}{7}= \qquad \frac{4}{9}+\frac{3}{9}= \qquad \frac{4}{5}+\frac{3}{5}=$$

첫 번째와 두 번째 문제는 학생들에게 익숙한 문제이므로 학생들의 자신감을 갖고 모둠이 함께 해결할 수 있다. 세 번째 문제는 조금 더 생각하기가 필요하지만, 여전히 그들이 알고 있는 개념(공통분모) 내에서 해결할 수 있다. 이후, 다음과 같은 문제로 전환할 수 있다.

$$\frac{1}{2}+\frac{1}{4}= \qquad \frac{1}{4}+\frac{3}{8}= \qquad \frac{1}{2}+\frac{5}{8}=$$

네 번째 문제는 학생들이 이전 학년이나 실생활 경험했던 절반($\frac{1}{2}$)과 반의반($\frac{1}{4}$)에 익숙하기 때문에, 이 문제는 학생들이 암묵적으로 알고 있던 개념을 형식화하는 기회를 제공한다. 다섯 번째 문제를 해결하기 위해서는 공통분모를 찾아야 하지만, 그렇게 어렵지는 않다. 여섯 번째 문제를 해결하기 위해서는 역시 공통분모를 찾아야 하며, 세 번째 문제에서 수행한 개념을 다시 생각해야 한다. 이런 문제들을 해결한 후에는 분모가 서로소인 경우의 문제로 이동할 수 있으며 결국, 각 모둠이 얇게 자르기 한 과제들을 차례대로 해결하도록 이끌어야 한다. 즉, 쉬운 과제로부터 시작해야 하며, 전체 학급을 대상으로 하는 것보다 더 천천히 진행해야 한다.

그러나, 이 모든 과정에서 교사의 역할은 단순히 과제 배열을 제공하는 것 이상이어야 한다. 학생들이 문제를 푸는 동안, 교사는 계속해서 학생과 함께 있어야 하며, 필요할 때 힌트와 심화 과제를 제공하여 몰입 상태가 유지되도록 해야 한다. 즉, 학생들이 과제를 완료하면 다음 단계의 심화 과제를 부여하고, 아직 해당 수준의 능력이 완전히 발달하지 않았다면, 방금 해결한 문제와 유사한 수준의 과제를 제공한다.

생각하는 수업에서 학생들의 질문에 어떻게 대답해야 하는가?

실천 사항 5

4장에서 설명한 바와 같이, 미완성 학습 환경에서 교사의 역할은 학생들에게 최대한의 지원을 제공하고 최적화된 스케폴딩을 제공하는 것이다. 과제는 쉬운 것으로부터 시작해야 하며, 가능하면 천천히 진행해야 한다. 또한, 힌트와 심화 과제를 지속해서 제공해야 하며, 이후에는 종합 · 정리하는 시간을 가져야 한다. 이런 점에서 교사는 학생들의 모든 질문에 대해 응답을 해야 한다고 생각할 수도 있겠지만, 사실은 그렇지 않다. 생각하기는 학습의 필수적인 전제 조건이며, 학생들이 계속해서 생각하도록 유도해야 한다. 학생들의 생각을 유지하는 질문에는 응답해야 하지만, 생각을 중단하는 질문은 피해야 한다.

- 너는 어떻게 생각하니?
- 다른 가능성은 어떤 것들이 있을까?
- 왜 이 방법이 효과적이지 않았다고 생각하니?

또한, 아래와 같은 포용적인 언어를 사용하여 학생들이 생산적인 고민을 하도록 유도한다.

- 우리가 이걸 확인할 방법이 있을까?
- 이걸 시도해 보고 결과를 확인해 보자.
- 좋아, 어디에서 잘못되었다고 생각하니?

이와 더불어, 학생들의 좌절감을 면밀히 모니터링해야 한다. 만약 좌절감이 높아지는 것이 보이면, 과제의 난이도를 조정하여 부담을 줄여서 학생들이 다시 몰입 상태로 돌아갈 수 있도록 한다.

생각하는 수업에서 수업을 어떻게 종합 · 정리할 것인가?

실천 사항 10

일반적인 생각하는 수업에서는 일련의 과제 배열을 모두 완료한 후에 종합 · 정리가 이루어지는 반면, 이러한 미완성 학습 환경에서는 각각의 과제를 완료한 직후에 종합 · 정리가 이루어져야 한다. 학생들이 하나의 과제를 완료하면 즉시 개입하여 그들이 과제를 완료하는 데 필요한 주요 단계에 집중하게 함으로써 학습을 정착시킨다. 예를 들어, 학생들이 첫 번째 과제를 완료한 후, 교사는 다음과 같이 말할 수 있다. “좋아요. 분모가 같다는 것을 알았네요[두 분모에 동그라미를 그린다], 다음에 해야 할 일은 분자들을 더하는 것이었어요[분자들의 합에 동그라미를 그린다]. 잘했어요. 자, 다음 문제를 풀어 보세요” 그런 다음에는 다음 과제를 제시하고 마커를 다른 학생에게 넘긴다.

이러한 지속적인 종합 · 정리 과정을 통하여, 교사는 학생들이 잘하고 있는 부분에 집중할 수 있으며, 수학의 형식적 언어와 구조를 언급할 뿐만 아니라 분수 과제를 해결하는 데 있어서 중요한 개념(즉, 공통분모의 필요성)을 강조할 수 있다.

생각하는 수업에서 숙제는 어떠해야 하는가?

실천 사항 7

일단 특정 모둠을 위해 계획한 과제들을 완료하면, 학생들을 같은 장소에 모이도록 하되, ‘나의 이해 확인하기’ 과제를 제공하여 개별적으로 해결하게 한다. ‘나의 이해 확인하기’ 과제들은 학생들이 방금 모둠에서 완료한 과제와 동일한 방식으로 순차적으로 구성되어야 한다. 이때 추구하는 목표는 집단적 지식과 수행능력을 개인의 지식과 수행능력으로 즉시 전이하고자 하는 것이다. 여러 면에서, 이는 4장에서 설명한 동기식 가상 환경으로 전환하는 것일 수 있다. 그러나, 학생들이 집단의 성공에 즉각적으로 반응하여 더 독립적으로 수행해야 한다는 데 차이점이 있다.

사용자 키트

학생들이 당일 수업에서 미완성 학습인 경우, 학생들 간의 차이가 크지 않다면 동시에 그리고 모둠으로 활동할 수 있다. 이 과정에서 생각하는 수업을 위한 7가지 실천 방안을 수정하여 적용할 수 있다. 이 학습 상황의 특성상, 7가지 실천 사항은 모두 동시에 실행되어야 한다(그림 11.1 참고).

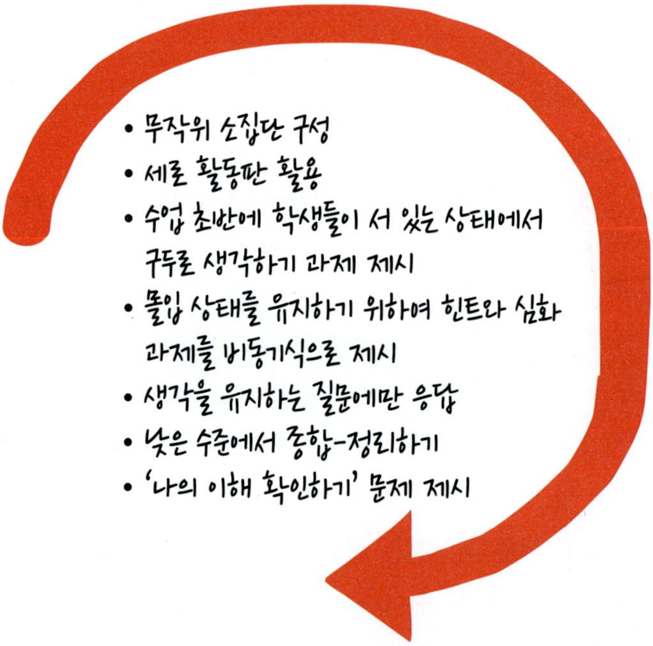

그림 11.1 생각하는 수업에서 현행 학습이 부족한 학생을 도와주기 위한 사용자 키트

12

일대일 학습 환경에서 학생 도와주기

교사가 학생과 1:1로 수업을 하든, 부모와 함께 가정 학습을 하든, 혹은 과외 교사와 학습을 하든, 그리고 미완성 학습을 보완하든, 심화 학습 활동을 제공하든, 생각하기는 여전히 학습의 필수적인 전제 조건이다. 학습자가 생각하지 않았다면, 그들은 학습하지 않은 것이다. 이 장에서는 일대일 학습 환경에서 생각하는 수업을 구현하기 위한 실천 사항에 관해 설명하고, 이를 일대일 학습 환경에 맞춰 어떻게 수정해야 하는지에 대해서 살펴볼 것이다. 이와 관련해서는 6가지 실천 사항이 있으며, 수업 과정에서 발생하는 순서대로 살펴볼 것이다.

생각하는 수업에서 학생이 활동하는 공간은 어디이어야 하는가?

실천 사항 3

학습자가 혼자서 학습하더라도 가장 적합한 활동 공간은 여전히 세로 활동판이다. 세로 활동판은 학습자가 더 빨리 과제에 접근하여 시도하고, 더 오랫동안 시도할 수 있도록 한다. 또한, 서서 활동하면 좀 더 적극적인 참여를 유도할 수 있다. 다만, 학생들이 많은 교실에서 일대일로 과제를 제시하기는 쉽지 않을 수 있다. 새로운 학습이나 심화 학습을 수행하는 경우에도 세로 활동판을 사용하는 것이 좋다. 그러나, 미완성 학습을 보완하기 위해 일대일 지원이 필요한 학생과 학습할 때에는 가로 활동판이 더 적절할 수 있다. 이것이 더 적절한 이유는 학습자가 추가적인 도움이 필요하다는 사실을 다른 사람에게 드러내지 않기 때문이다.

생각하는 수업에서 과제는 언제, 어디서, 어떻게 제시해야 하는가?

실천 사항 6

일반적인 생각하는 수업과 마찬가지로, 일대일 학습에서도 가능한 한 과제는 구두로 그리고 수업이 시작된 후 5분 이내에 제시되어야 한다. 학생들이 첫 번째 과제를 시작하기 전에 설명해야 할 것이 있다면, 핵심만 간결하게 전달하여 바로 활동을 시작할 수 있도록 해야 한다. 그러기 위해서는 첫 번째 과제를 시작하는 데 필요한 정보만 제공해야 한다. 추가로 공유할 내용이 있다면, 힌트 및 심화 과제(실천 사항 9) 또는 종합 · 정리 과정(실천 사항 10)에서 실시한다.

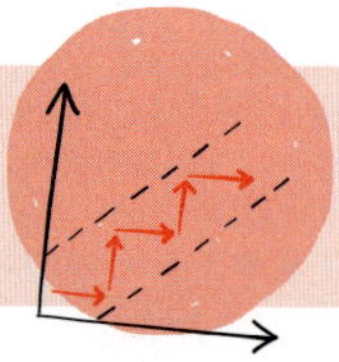

생각하는 수업에서 힌트와 심화 과제를 어떻게 활용할 것인가?

실천 사항 9

개별 학습자와 일대일로 수업할 때, 교사의 주요 역할은 학생들이 학습 중인 개념에 관한 과제들을 얇게 잘라서 제시하여 해결하게 하는 것이다. 수업이 심화 학습 활동이라면, 첫 번째 과제는 여전히 꽤 도전적일 수 있으며, 두껍게 잘라서 제시할 수도 있다. 예를 들어, 학생이 이전 책 9장에서 소개한 '제빵사' 과제를 기반으로 심화 학습을 원한다면, 학생에게 모든 문제를 다시 풀도록 요청하되 약간의 변화를 줄 수 있다. 즉, 전체 케이크에서 각 조각이 차지하는 분수를 계산하는 대신, 케이크 전체의 가격이 $20 라면 각 조각의 가격은 얼마인지 계산하게 한다. 이 과제를 해결하고 나면, 그림 12.1에 제시된 케이크 조각들의 가격을 계산하게 할 수 있다.

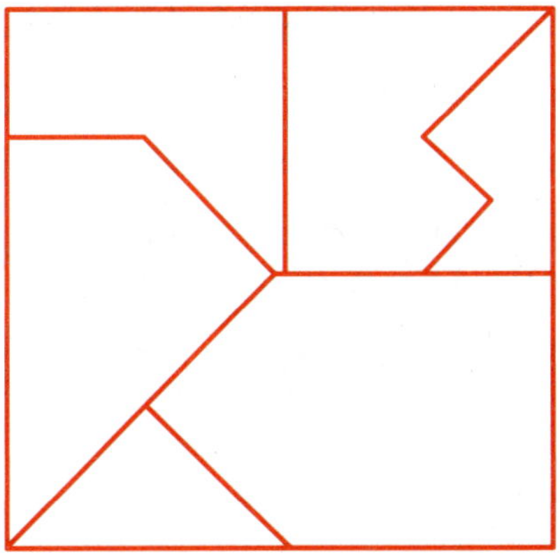

그림 12.1 이상한 모양의 케이크 조각

만약 학습자가 미완성 학습을 보충하는 상황이라면, 10장과 11장에서 설명한 것처럼 첫 번째 과제는 단순해야 하며 단계별 난이도의 차이가 작아야 한다. 예를 들어, 학습자가 수열의 관계를 대수적 표현으로 변환하는 데 어려움을 겪고 있다면, 다음과 같이 과제를 배열할 수 있다.

① 1, 2, 3, 4, 5, …
② 2, 3, 4, 5, 6, …
③ 0, 1, 2, 3, 4, …
④ 2, 4, 6, 8, 10, …
⑤ 5, 10, 15, 20, 25, …
⑥ 4, 7, 10, 13, 16, …
⑦ 8, 10, 12, 14, 16, …
⑧ …

이 중 첫 번째 과제는 매우 단순하며, 항의 위치와 항의 값 사이의 직접적인 관계(y=x)를 규정하고 있다. 두 번째 과제는 이 관계를 +1만큼 이동시킨 것으로 결과적으로 y=x+1이 된다. 세 번째 과제는 반대로 −1만큼 이동시켜서 y=x−1이 된다. 학습자가 단계별로 성취감을 느낄 수 있도록 각 과제의 난이도는 점진적으로 높아지도록 설계되었다.

학습자가 이 과제 배열을 수행할 때, 교사의 역할은 몰입 상태를 유지할 수 있도록 힌트와 심화 과제를 제공하는 것이다. 즉, 학생들이 과제를 완료하면 다음 단계의 심화 과제를 부여하고, 아직 해당 수준의 능력이 완전히 발달하지 않았다면 방금 해결한 문제와 유사한 수준의 과제를 제공한다.

생각하는 수업에서 학생들의 질문에 어떻게 대답해야 하는가?

실천 사항 5

일대일 학습 환경에서, 교사는 학습자의 모든 경험을 통제하려고 할 것이다. 또한, 일련의 배열된 과제, 힌트, 심화 과제를 제공하며, 이를 통해 긍정적인 학습 경험을 구축하려 할 것이다. 그렇다고 해서 학생들의 모든 질문에 응답해야 한다는 의미는 아니다. 다른 모든 학습 환경과 마찬가지로, 일대일 학습 환경에서도 생각하기는 학습의 필수적인 전제 조건이다. 따라서, 만약 학습자가 생각을 중단하는 질문을 하면, 다시 생각하는 역할로 되돌아가도록 다음과 같은 질문을 한다.

- 너는 어떻게 생각하니?
- 우리가 이걸 확인할 방법이 있을까?
- 이걸 시도해 보고 결과를 확인해 볼까?
- 다른 가능성은 어떤 것들이 있을까?
- 좋아, 우리가 어디에서 잘못되었다고 생각하니?
- 왜 이 방법이 효과적이지 않았다고 생각하니?

미완성 학습자의 경우에는 학습자의 좌절 수준을 지속해서 모니터링해야 한다. 만약 좌절감이 높아지는 것이 보이면, 과제의 난이도를 조정하여 부담을 줄여서 학생들이 다시 몰입 상태로 돌아갈 수 있도록 한다. 심화 학습 상황에서도 학습자의 좌절 정도를 모니터링해야 하지만, 학습자가 끝까지 해낼 기회를 빼앗지 않도록 유의해야 한다.

생각하는 수업에서 수업을 어떻게 종합·정리할 것인가?

실천 사항 10 미완성 학습자의 경우, 교사의 역할은 각 과제가 끝날 때마다 학습자가 수행한 내용을 확인하고 핵심 요소를 강조하기 위하여 지속적으로 그리고 연속적으로 종합 · 정리를 하는 것이다. 예를 들어, 학습자가 첫 번째 과제를 완료하면, 교사는 다가가서 다음과 같이 말할 수 있다. "좋아요. 여러분이 각 항 x의 위치가 각 항 y의 값과 같다는 것을 알아차렸군요. 잘했어요. 자, 다음 문제를 풀어 보세요" 그런 다음 과제를 제공한다. 이러한 지속적인 종합 · 정리 과정을 통하여, 교사는 학생들이 잘하고 있는 부분에 집중할 수 있으며, 수학의 형식적 언어와 구조를 언급할 뿐만 아니라 대수적 표현을 하는 데 있어서 중요한 개념(즉, 각 항의 위치와 각 항의 값 사이의 관계)을 강조할 수 있다. 학습자가 심화 과제를 해결하고 있다면, 종합 · 정리는 자주 이루어지지 않을 수 있으며, 실제로는 학습자가 교사에게 과제의 핵심적인 측면과 중요한 측면을 직접 설명하는 방식이 될 수도 있다.

생각하는 수업에서 형성평가를 어떻게 할 것인가?

실천 사항 13 미완성 학습의 경우, 학습자를 위해 계획한 일련의 과제들을 수행하고 나면, 학습자에게 또 다른 과제들을 제시하여 혼자서 해결하게 한다. 과제를 마친 후에는 함께 검토하고, 자기 평가를 하도록 유도하며, 형성 평가 도구를 사용하여 현재 위치(혼자서 정확하게 수행할 수 있는 부분)와 앞으로 나아가야 할 방향(아직 혼자서 정확하게 수행할 수 없는 부분)을 기록하도록 한다. 이를 통해 학습자의 성취를 축하하고, 향후 일대일 학습을 위한 계획을 수립할 수 있다.

사용자 키트

일대일 학습 환경은 개념을 학습하는 데 어려움을 겪는 학생들을 지원하거나, 개별 학습자에게 심화 학습 기회를 제공하는 데 효과적인 방법이 될 수 있다. 궁극적인 목표가 개념을 학습하게 하는 것이므로, 학생들이 생각하도록 해야 하며, 그들의 생각하기에 도움을 주어야 한다. 일대일 학습 환경을 위한 사용자 키트는 6가지 실천 사항으로 구성되며, 이들은 모두 동시에 실행되어야 한다(그림 12.2 참조).

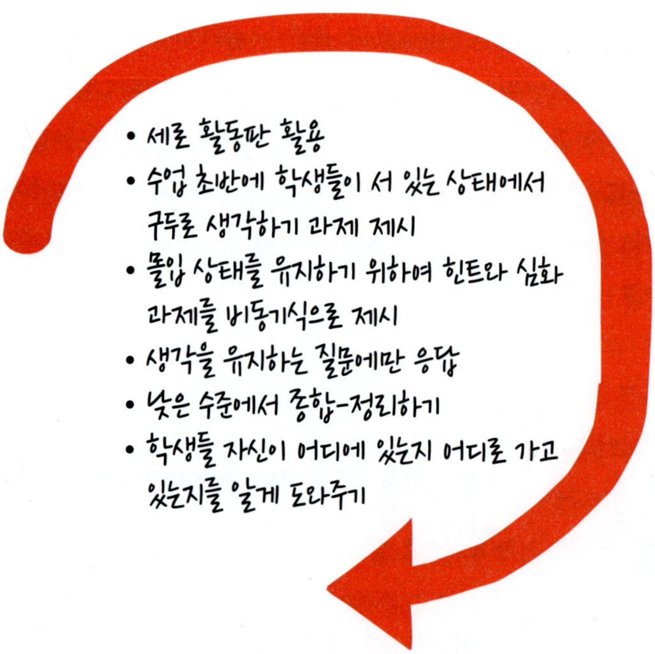

그림 12.2 생각하는 수업을 위한 실천 사항들을 이용하여 학습에 어려움이 있는 학생을 일대일 학습으로 도와주기 위한 사용자 키트

찾아보기

학습 환경에 따른 생각하는 수학 수업

생각하는 수학 수업을 구현하기 위한 보충 자료

지은이 Peter Liljedahl
옮긴이 박성선
펴낸이 조경희
펴낸곳 경문사
펴낸날 2025년 9월 1일 1판 1쇄
등 록 1979년 11월 9일 제1979-000023호
주 소 04057, 서울특별시 마포구 와우산로 174
전 화 (02)332-2004 팩스 (02)336-5193
이메일 kyungmoon@kyungmoon.com

값 14,000원

ISBN 979-11-6073-785-1